Responsabilidade Civil Ambiental
Em defesa da vida

Responsabilidade Civil Ambiental
Em defesa da vida

Larissa Gabrielle Braga e Silva

Appris
editora

Editora Appris Ltda.
1.ª Edição - Copyright© 2019 dos autores
Direitos de Edição Reservados à Editora Appris Ltda.
Nenhuma parte desta obra poderá ser utilizada indevidamente, sem estar de acordo com a Lei nº 9.610/98.
Se incorreções forem encontradas, serão de exclusiva responsabilidade de seus organizadores.
Foi realizado o Depósito Legal na Fundação Biblioteca Nacional, de acordo com as Leis nos 10.994, de 14/12/2004, e 12.192, de 14/01/2010.

Editor Chefe: Vanderlei Cruz
Diagramação, Capa e Projeto Gráfico: Jean Garcia

Dados Internacionais de Catalogação na Publicação (CIP)
Elaborado por: Isabel Schiavon Kinasz
Bibliotecária CRB 9-626

S586	Silva, Larissa Gabrielle Braga e Responsabilidade civil ambiental: em defesa da vida / Larissa Gabrielle Braga e Silva - 1.ed. - Curitiba: Editora Appris, 2019. 198p.; 21cm ISBN: 978-85-5507-674-9 1. Direito ambiental. 2. Responsabilidade civil. 3. Meio ambiente - Preservação. I. Título. CDD 344.046 (22.ed) CDU 351.777.6

Coleção Direito Ambiental, Políticas Públicas e Novos Direitos

Diretor Científico

Cleide Calgaro (UCS)

Consultores científicos

Agemir Bavaresco (PUCRS)
Agostinho OliKoppe Pereira (UCS)
Alexandre Gustavo Melo Franco de Moraes Bahia (UFOP)
Alexandre Veronese (UnB))
Germano André Doederlein Schwartz (FMU e UNILASSALLE)
Henrique MioranzaKoppe Pereira (UCS)
Ingo Wolfgang Sarlet (PUCRS)
João Martins Bertasso (URI)
Julia Maurmann Ximenes (IDP - Instituto Brasiliense de Direito Público)

Leonel Severo Rocha (UNISINOS)
Luiz Fernando Castilhos Silveira (The Universityof Edinburgh - Reino Unido)
Mario Frota (CEDC - Centro de Estudos de Direito do Consumo de Coimbra)
Mauro Gaglietti (URI, FAI e João Paulo II)
Michele Carducci (UniversitàdelSalento - Itália)
Newton de Oliveira Lima (UFPB)
Paulo Cesar Nodari (UCS)
Rafael LazzarottoSimioni (FDSM)
Thadeu Weber (PUCRS)
Wilson Antonio Steinmetz (UNOESC e UCS)

Editora e Livraria Appris Ltda.
Av. Manoel Ribas, 2265 – Mercês
Curitiba/PR – CEP: 80810-002
Tel: (41) 3156 - 4731
www.editoraappris.com.br

Aos meus amados pais Rose e Manuel, pelo amor incondicional e por acreditar em meus sonhos. Ao Bruno por ser sempre amor. A minha afilhada Manuela broto de esperança e luz de nossas vidas.

PASSARINHO
Toda alma é um passarinho,
que antes de sair do ninho,
soube esperar cada pena nascer.
Soube ensaiar cada melodia
que pelo resto da vida cantaria
quando olhasse o entardecer.
Que precisou criar coragem
pra seguir sua viagem,
quando a vida lhe fez crescer.
E mesmo com medo de voar,
sentiu a hora de se lançar
rumo à felicidade, asas bater.
Toda alma é um passarinho,
que busca nas nuvens de seu caminho,
pousar num amor e florescer.
(Cristiano Araújo)

Agradecimentos

Como uma colcha de retalhos em uma máquina de costura o presente estudo foi se tecendo. Recortes de um sonho que se transforma em realidade formado por suor, lágrimas e amor. Ah... se não fosse o amor, nenhuma letra teria sido pensada, nenhuma palavra escrita ou mesmo dita, não se teriam artigos, não se teriam seminários, não se teriam pais nem mães, não se teriam políticos, não se teriam professores... não se teriam escolas... O amor é o império da vida e deve ser o do Direito.

Falo de colcha e de retalhos, porque os retalhos é que fundamentaram o teor deste estudo. Os retalhos foram meus inteiros. Falar de responsabilidade é lembrar de cada retalho, integrado nesta colcha chamada sociedade.

Em grandes vitórias há, também, numerosos, sejam velados ou aparentes, heróis. O maior deles, incontestavelmente é o Criador, Pai de todos nós. A minha prece de agradecimento e meu pedido de proteção.

Aos meus amados pais, Rose e Manuel, pelo incansável labor e por confiarem na realidade dos meus sonhos. À minha mãe por gerar em mim o sonho de lecionar, contando, sempre, uma singela história, e, história de amor. A vocês minha eterna gratidão.

Ao Bruno, este ser amor, por estar ao meu lado, sempre, feito anjo protetor. À sua família pelo carinho, pela força e pelas orações. À Laís e ao João Paulo pela presença fraterna.

À Denise Maria Soares por me fazer seguir os trilhos do metrô e chegar até aqui, mesmo sem escrituras. Não importa, não faltam nomes para aqui serem registrados, em forma de singelo agradecimento. Agradeço a todos os meus colegas de mestrado pelo presente do aprendizado que com o brilho da inteligência e da experiência de cada um me fizeram um ser humano melhor.

Agradeço ao Fábio de Andrade, aluno da graduação da ESDHC, pelos lúcidos e louváveis estudos sobre responsabilidade civil ambiental.

Aos doutores Gilberto de Andrade e Camila pelos ensinamentos. À Sandra por sua pura e genuína amizade. À Ângela por não me deixar desistir e por me incentivar a seguir pelas veredas do Direito. Ao doutor Adailton pela força e pelo exemplo de humanidade.

À Escola Superior Dom Helder Câmara. Não teve jeito... foi amor à primeira vista. Este amor por vezes se consubstanciou em ódio, como veneno, mas um veneno curador. Este veneno só curou porque ao mesmo tempo produziu e apreendeu, conheceu e cresceu, e se difundiu, também por amor. É com muito orgulho, humildade e gratidão que fui uma das bolsistas do programa de mestrado da Escola Superior Dom Helder Câmara. Foi nesta hora que o peso da responsabilidade de ser uma aluna do programa de mestrado desta jovem e já brilhante Escola transformou-se em prazer.

Ao professor Kiwonghi Bizawu pela paciência, ensinamentos e pela doçura de sua amizade. À Isabel pela simpatia, amizade, e pelos momentos de alegria compartilhados. Aos meus professores do mestrado Beatriz Costa, Élcio Nacur e Magno Federici por ensinarem com paixão e excelência.

Ao professor Émilien Vilas Boas Reis pelo brilho nos olhos ao lecionar e por me acolher em todos os momentos vividos no mestrado, para você, com todo respeito, não há palavras suficientes para dizer obrigada, por acreditar em mim, mesmo nos momentos de fraqueza e dor. Um exemplo de ser humano, muito mais que mestre ou pós-doutor.

Deixo também uma singela homenagem àqueles que ainda virão, que possam encontrar uma Terra abençoada e protegida, um lugar para ser e fazer melhor. Desejo uma educação aprimorada e eficaz, a construir uma realidade melhor e mais igual. Aos meus futuros alunos, o meu compromisso de ensinar e sempre aprender.

Uma jornada que se finda e um novo caminho que chega trazendo desafios e esperanças. Não há caminhos trilhados de forma isolada, assim a colcha da vida se tece cheia de sonhos e cor. Que o futuro seja marcado de entusiasmo e coroado de amor.

Apresentação

A presente obra é fruto de dois anos de estudos e pesquisas acerca da temática da responsabilidade civil ambiental. Foi redigida com muito carinho e cuidado visando atingir o público jurídico, mas também todos àqueles que se preocupam com as questões de ordem ambiental. Assim, possui linguagem acessível e clara, sobretudo, no que se refere à parte filosófica.

Responsabilidade Civil Ambiental: Em Defesa da Vida representa um esforço de alinhavar fundamentos filosóficos à aplicação do instituto jurídico da responsabilidade civil ambiental. E apresenta-se, na verdade, como uma denúncia de que o avanço tecnológico não é capaz de resolver problemas simples do ser humano e nem sequer é capaz de se coadunar a um desenvolvimento sustentável.

A tragédia de Mariana é infelizmente a prova cabal desta lamentável constatação. Em meio a um conjunto de normas e princípios próprios do Direito Ambiental a delimitar a proteção do ambiente, verificou-se ausência de cumprimento da legislação, de forma irresponsável o que ocasionou na perda de dezenove vidas humanas, na degradação do ambiente natural de sua fauna e flora e de toda uma dinâmica de vida, o que também comprometeu as raízes culturais do povo daquela região. Este triste fato leva a seguinte conclusão, a reparação a posteriori, não é eficaz na proteção ambiental. Assim, as novas facetas deste instituto jurídico devem se direcionar com muito mais intensidade à prevenção.

Espero, caro leitor, suas críticas, comentários e opiniões para que possamos, juntos, construir um Direito que na prática seja mais humano e justo.

Abraços da Autora.
Larissa Gabrielle Braga e Silva

Prefácio

Conheci Larissa Gabrielle Braga e Silva no ano de 2015 por ocasião do processo seletivo para ingresso no Curso de Mestrado em Direito Ambiental e Desenvolvimento Sustentável da Escola Superior Dom Helder Câmara em Belo Horizonte/MG.

Na entrevista do referido processo seletivo, logo me encantei pela doçura e obstinação que a então candidata Larissa demonstrou, apontando, pois, ser uma pessoa dedicada àquilo que se propõe a fazer sem, contudo, "perder a ternura".

Não obstante, a Larissa apresentou à Banca de Examinadores, um robusto conteúdo intelectual da Ciência Jurídica, comprovando que durante sua vida de graduanda o tempo "não passou em vão". Com efeito, os prêmios obtidos pela Larissa durante seu Bacharelado em Direito foram conquistados com o devido merecimento.

Nesse diapasão, a aprovação da Larissa redundou em um primeiro lugar no processo seletivo, superando algumas dezenas de candidatos de qualidade.

Durante o Curso de Mestrado em Direito, tive a oportunidade de lecionar para Autora deste livro e, atestando as qualidades apontadas nos parágrafos acima, a Larissa sempre foi uma excelente aluna, chamando a atenção, sobretudo, pela enorme capacidade de escrever artigos científicos de quilate, que foram publicados em vários periódicos de excelência no Brasil.

Encerrando o Curso de Mestrado, foi defendida a Dissertação intitulada "Por uma proteção ao dom da vida: O Princípio da Responsabilidade em Hans Jonas e a Fundamentação Filosófica da Responsabilidade Civil Ambiental", sob a orientação do meu dileto colega Professor Doutor Émilien Vilas Boas Reis, obtendo absoluto êxito, auferindo o título de Mestre em Direito.

Como consequência natural de uma Dissertação de Mestrado de qualidade, a Autora presenteia a sociedade literária, mormente a jurídica, com este livro fruto de suas pesquisas acadêmicas.

No presente trabalho, cujo título é "Responsabilidade Civil Ambiental: em defesa da vida" o leitor terá a oportunidade de aprender sobre um dos temas mais importantes do estudo do Meio Ambiente que é a Responsabilidade Civil, pois, indubitavelmente, a consequência mais comum é que o degradador ambiental responda por seus atos na esfera cível, diante da opção legislativa penal ser, no meu entendimento, deveras benevolente com os que deterioram o ambiente em que vivemos.

O livro é composto por três capítulos centrais, antecedidos da parte introdutória e findando-se com as conclusões da autora.

Inicialmente o texto explica, didaticamente, o conceito de Meio Ambiente, permitindo ao leitor que ainda não é próximo do tema, iniciar de forma fundada seus estudos. Neste mesmo capítulo a Larissa aponta o norte para que se possa refletir sobre as modernas discussões do que se denomina "Sociedade de Risco".

No segundo capítulo central, demonstrando conhecimento de Filosofia, a Autora perpassa seus escritos por estudos de Ética, Mitologia, Antropologia, Sociologia para encerrar com a análise do pensador Hans Jonas.

A Responsabilidade Civil Ambiental é o tema fulcral do livro, onde Larissa leciona sobre mais de dez Princípios Jurídicos do Direito Ambiental, as Teorias fundamentais da responsabilidade por danos ambientais, demonstrando o arcabouço necessário para uma correta imputação do dever de resposta que deve arcar aquele que, infelizmente, degradou o meio ambiente.

Ainda, de forma louvável, o texto narra sobre o rompimento das barragens de rejeitos da mineração na cidade de Mariana, maior tragédia ambiental ocorrida no Brasil, sustentando em concreto, a importância do estudo da Responsabilidade Civil Ambiental.

Assim, estimado leitor, a sociedade literária, bem como qualquer cidadão minimamente consciente da importância de vivermos em um Meio Ambiente Ecologicamente Equilibrado, engrandecerá seus conhecimentos com o livro que ora tive a honra de prefaciar.

Capital das Alterosas, vítima da degradação ambiental, verão de 2017.
Elcio Nacur Rezende
Pós-Doutor em Direito
Professor da Escola Superior Dom Helder Câmara
Procurador da Fazenda Nacional

Lista de siglas e abreviaturas

ANA	Agência Nacional de Águas
CC/02	Código Civil de 2002
CF/88	Constituição Federal de 1988
COMPERJ	Complexo Petroquímico do Rio de Janeiro
CONAMA	Conselho Nacional do Meio Ambiente
CPC	Código de Processo Civil
EIA	Estudo Prévio de Impacto Ambiental
FIFA	Federação Internacional de Futebol
ISO	International Organization for Standardization
MPF	Ministério Público Federal
ONGs	(Organizações Não-Governamentais
ONU	Organização das Nações Unidas
SAAE	Serviço Autônomo de Água e Esgoto
STJ	Superior Tribunal de Justiça

Sumário

1. Introdução 23

2. Sociedade de risco e a crise ambiental 27
   2.1. Conceito de Meio Ambiente 36

3. Fundamentação filosófica da responsabilidade civil ambiental 39
   3.1. Prometeu e a crise ambiental: a ética como fator de preservação da vida 39
   3.2. Responsabilidade: um sentido 41
   3.3. Relação Homem Natureza 44
   3.4. O Princípio Responsabilidade em Hans Jonas 46

4. Responsabilidade civil ambiental 77
   4.1. Responsabilidade com Dolo e Culpa 78
   4.2. Princípios Aplicáveis à Responsabilidade Civil Ambiental 81
      4.2.1. Princípio do Desenvolvimento Sustentável 81
      4.2.2. Princípio da Equidade Intergeracional 82
      4.2.3. Princípio da Prevenção e da Precaução 83
      4.2.4. Princípio da Responsabilidade Ecológica 89
      4.2.5. Princípio da Solidariedade 90
      4.2.6. Princípio do Poluidor-Pagador 96
      4.2.7. Princípio da Informação 98
      4.2.8. Princípio da Participação 99
      4.2.9. Princípio da Reparação Integral 99
      4.2.10. Princípio da proibição do retrocesso ambiental .. 100
      4.2.11. Princípio da Interpretação in Dubio Pro Ambiente 100
   4.3. Responsabilidade Civil Ambiental como Instrumento Jurídico de efetivação do Princípio Responsabilidade 101
   4.4. Responsabilidade civil ambiental: principais contornos 105
      4.4.1. Conceito de Dano 105
      4.4.2. Danos Ambientais Extrapatrimoniais 111

4.4.3. Estruturas Probatórias: Inversões e Presunções....112
4.4.4. Do administrador, das instituições financeiras, do seguro ambiental. 115
4.4.5. Um novo olhar para o nexo causal..................117
4.5. Teorias do Risco 120
4.5.1. Teoria do Risco Criado...............120
4.5.2. Teoria do Risco Integral..............121
4.5.3. Teoria da Responsabilidade Agravada 126
4.6. Deveres Jurídicos Ambientais do Poder Público..........127
4.7. O Desastre no Município de Mariana..............132
4.8. O estado de exceção ambiental...............147

5. Considerações finais 187

Referências.................191

1. Introdução

A vida acontece de repente e deve ser coroada de bem-estar. Somos lançados no palco da existência e marcados pelo traço definitivo da liberdade, e, por sermos livres, acabamos sendo condenados à responsabilidade. Não há projeção de vida boa sem a eficácia da responsabilidade. Nesta teia da causalidade, de ações, consequências e respostas, o homem, como ser livre e social, vê-se cercado de desafios, possibilidades e limitações que permeiam todo o fluxo de sua vida.

A objetividade do existir consubstanciado no mundo que recebe a cada um de nós é objeto de nossas intervenções e fonte primeira da mantença de nossa espécie. Assumimos de forma pífia a função de criadores e interventores da natureza, ao invés de multiplicar as exuberâncias da natureza, cerceamos o seu direito de ser mais bela. No lugar de uma atmosfera harmônica e precursora de paz colorimos um céu cinzento de poluição.

Há neste estudo um esforço e um manifesto pela defesa da vida, porque ela é dom a todos e a cada um concedido. E, por isso, há uma exortação para uma nova mudança de pensamento a inaugurar um novo agir que também clama por uma postura renovada e comprometida de toda a sociedade.

O presente estudo é divido em três partes, na primeira buscou-se estabelecer os conceitos e sentidos de meio ambiente e situar o contexto da crise ambiental tão presente em nossos dias. A análise filosófica da responsabilidade, além de se dirigir ao conteúdo do vocábulo, caminhou para a filosofia de Hans Jonas e seus estudos acerca do princípio responsabilidade situados na realidade da civilização tecnológica.

Hans Jonas ao enaltecer a responsabilidade ao status de princípio o eleva a um patamar de grandeza não só filosófica, mas busca a sua aplicação na seara política, sobretudo, por meio das políticas públicas e também do desenvolvimento da educação. A filosofia, neste estudo que ora se apresenta, tem o condão de fundamentar buscando as raízes e as razões do instituto jurídico da responsabilidade civil ambiental.

O mais interessante talvez seja o *insight* alcançado por Jonas ao envolver as figuras mais públicas e as mais privadas na problemática da responsabilidade cujo objetivo maior é a vida. Alinhavou-as solidificando a importância da ação conjunta dos pais em relação aos seus filhos e dos governantes em relação à sociedade.

Na segunda parte, elegemos a centralidade do instituto da responsabilidade civil ambiental, discorrendo assim, sobre seus principais contornos e pontos controversos na doutrina e na jurisprudência. Tal instituto se bem aplicado é fonte da resolução de várias questões ambientais, sobretudo, no plano preventivo. Hoje, a característica preventiva é fortemente acentuada em detrimento da antiga função reparatória. Não que esta deixou de ocupar o seu lugar, mas o objetivo é que não ocorra o fato danoso e que haja a preservação cuidadosa dos bens ambientais.

Talvez a principal controvérsia esteja na aplicação da teoria do risco. É consenso de que a responsabilidade ambiental seja objetiva, não se perquirindo, portanto, a existência de dolo ou culpa. Mas a teoria objetiva ramifica-se em teoria do risco integral e teoria do risco criado. Atualmente defende-se uma nova teoria, chamada de responsabilidade agravada. Os seus conteúdos poderão ser lidos ao longo do texto.

Não há como discorrer sobre responsabilidade ambiental sem a fundamentação construída pela base principiológica do Direito Ambiental. Assim, os principais princípios que subsidiam este Direito e que se relacionam intrinsecamente à responsabilidade civil e a preservação ambiental das presentes e futuras gerações foram postos em debate para se relacionarem ao conjunto do presente estudo.

Gostaríamos de não narrarmos a temática da terceira e última parte destes escritos. Lamentavelmente no dia cinco de novembro de dois mil e quinze a barragem de rejeitos de Fundão da Samarco Mineradora rompeu-se, dizimando o fluxo da vida daquela localidade. O mar de lama atingiu várias cidades mineiras, comprometeu a fauna, a flora e a qualidade da bacia do Rio Doce, chegando a atingir o mar capixaba. A tragédia de Mariana não ficará nas letras mortas de relatos e poesias, ela pulsa no sangue das famílias de Bento Rodrigues que perderam entes queridos e o seu lugar.

Essa tragédia clama para que as letras da lei sejam mais do que nunca obras vivas dignamente aplicadas. É indubitável que se a legislação tivesse sido devidamente aplicada de forma comprometida e responsável, a tragédia teria sido evitada. A corrida pelo lucro não pode ser maior que o fluxo natural da vida.

Ademais, este lamentável fato traz novamente à baila as discussões acerca do Estado de Exceção Ambiental, notadamente ocorrido nos eventos esportivos mais recentes em nosso país como a Copa do Mundo de 2014 e as Olimpíadas de 2016, a tragédia de Mariana também é maculada pela falta de cumprimento da legislação ambiental antes da ocorrência do fato, pela demora na prestação de assistências às vítimas, pelo descumprimento dos acordos efetivados, pela conivência dos órgãos públicos com as grandes empresas mineradoras por serem grandes contribuintes do fisco, e suas omissões quanto à sua obrigação de fiscalizar e assim promover um meio ambiente equilibrado e sadio para todos. Seja pela situação criada de falta de abastecimento de água e atuação do exército em função que não lhe caberia. Enfim, exemplos não faltam para associar o Estado de Exceção à tragédia de Mariana e a própria e generalizada crise ambiental de nossos tempos.

Não cabe mais lugar para raciocínios e atuações egoístas com fulcro no lucro e na concentração de renda, a natureza do ambiente se perfaz de forma conjunta e solidária. Um dano que ocorre há milhares de quilômetros tem seus efeitos espargidos por toda a parte, o alcance das consequências é também coletivo e solidarizado.

O objetivo deste estudo é trazer a importância da conscientização acerca da preservação ambiental a possibilitar a vida presente e a futura de forma saudável e melhor. Juridicamente, o instituto da responsabilidade civil com seu viés preventivo é meio de se conservar o Planeta no presente e para o porvir. Utilizou-se a pesquisa exploratória bibliográfica, legislativa e jurisprudencial direcionada pelo método jurídico dedutivo de pesquisa. Contudo, as letras de nossa avançada legislação ambiental devem ser cada vez mais vivas e constituídas daquela responsabilidade-princípio defendida por Jonas. Tudo por uma questão de vida, por uma questão de dom.

2. Sociedade de risco e a crise ambiental

Não se discute que a humanidade passa por uma crise paradigmática que reflete em diversos setores e instituições. A crise ambiental, primordialmente, por seu caráter unitário e integrador é fator que maximiza outros problemas sociais como a fome, a precariedade de moradias e seu acesso cada vez mais restrito, os problemas do clima e da poluição, do saneamento básico, do trânsito, do desmatamento. O que leva à reflexão e urgência de formas de solucionar ou mesmo mitigar tais mazelas e promover a harmonia entre o desenvolvimento tecnológico e a garantia dos direitos fundamentais. Neste contexto, surge o sentido da sociedade de risco que se sobrepõe à realidade das sociedades de classes.

No período marcado pelo desenvolvimento da indústria, a sociedade era formada pela nítida separação de classes. O desenvolvimento tecnológico separava ricos e pobres e os riscos derivados deste processo de avanço atingiam determinadas pessoas:

> Neste momento histórico, tem-se uma sociedade fundada em classes sociais, com a distribuição de riquezas e dos riscos mantendo-se restritos a determinadas classes sociais (os empregados das fábricas, os proprietários de terras pelas quais passavam as estradas de ferro e constantemente tinham suas plantações queimadas pelas brasas provenientes dos trens, entre outras situações de risco). Assim, os riscos deste período eram estratificados, isto é, atingiam classes específicas e determinadas, beneficiando outras. A visibilidade e a concretude dos riscos desta "primeira modernidade" decorrem da previsibilidade das relações de causa e consequência que marca os riscos inerentes ao processo industrial. (CARVALHO, 2007, p. 64).

É certo que a produção da riqueza está intrinsecamente acompanhada da produção de riscos na modernidade. "A reboque das forças produtivas exponencialmente crescentes no processo de modernização são desencadeados riscos e potenciais de auto ameaça numa medida até então desconhecida." (BECK, 2011, p. 23).

Os avanços encampados pela modernidade tardia colocam a problemática da produção e distribuição desigual da riqueza com a produção dos riscos na condição de tema e problema fazendo com que este processo de modernização se torne reflexivo. Nasce, neste bojo, a necessidade de maior segurança: "A promessa de segurança avança com os riscos e precisa ser, diante de uma esfera pública alerta e crítica, continuamente reforçada por meio de intervenções cosméticas ou efetivas no desenvolvimento técnico-econômico." (BECK, 2011, p. 24).

O sentido de risco assume as facetas de destruição da humanidade relacionando-se com o coletivo em detrimento do individual e do pessoal, o que configura uma ameaça do tipo global. O exemplo do desmatamento pode ser citado e evidencia o caráter transfronteiriço dos danos causados ao meio ambiente:

> O desmatamento contemporâneo acontece globalmente- e na verdade como consequência implícita da industrialização – com consequências sociais e políticas inteiramente diversas. São afetados, por exemplo, também e especialmente países com ampla cobertura florestal (como Noruega e Suécia), que sequer dispõem de muitas indústrias poluentes, mas que têm de pagar pelas emissões de poluentes de outros países altamente industrializados com a extinção de florestas, plantas e animais. (BECK, 2011, p. 26).

Na sociedade de risco as consequências da industrialização não se reduzem ao local e ao tempo em que são produzidas, afetam em escala inter e intra temporal e atingem da mesma forma, espaços variados e indeterminados:

> No que diz respeito à comoção que produzem, eles já não estão vinculados ao lugar em que foram gerados- a fábrica. De acordo com seu feitio, eles ameaçam a vida no planeta, sob todas as suas formas. Comparados com isto, os riscos profissionais da industrialização primária pertencem a uma outra era. (BECK, 2011, p. 26).

A sociedade de risco produz uma modificação no sentido da sociedade estratificada e de classesuma vez que gera a socialização dos riscos de forma integrada e globalizada. Dessa forma, os ricos também passam a sofrer as consequências negativas da poluição e não somente se beneficiam com a percepção dos lucros.

> Em sua disseminação, os riscos apresentam socialmente um efeito bumerang: nem os ricos e poderosos estão seguros diante deles. Os anteriormente "latentes efeitos colaterais" rebatem também sobre os centros de sua produção. Os atores da modernização acabam, inevitável e bastante concretamente, entrando na ciranda dos perigos que eles próprios desencadeiam e com os quais lucram. Isto pode ocorrer de diversas formas. (BECK, 2011, p. 44).

A preservação do ambiente passa a ser uma preocupação global e a saúde das pessoas e da natureza passa a se constituir em uma teia de cooperação de forma que a poluição e degradação provocadas por um determinado país reflete na saúde de vários outros. O risco enseja cooperação, diálogo e ações de cunho preservacionista conjuntas, do contrário não há que se falar em saúde e manutenção de todas as formas de vida erigidas no Planeta:

Com a distribuição e o incremento dos riscos, surgem situações sociais de ameaça. Estas acompanham, na verdade, em algumas dimensões, a desigualdade de posições de estrato e classe sociais, fazendo valer, entretanto uma lógica distributiva substancialmente distinta: os riscos da modernização cedo ou tarde acabam alcançando aqueles que os produziram ou que lucram com eles. Eles contêm um *efeito bumerang*, que implode o esquema de classes. Tampouco os ricos e poderosos estão seguros diante deles. Isto não apenas sob a forma de ameaças à saúde, mas também como ameaças à legitimidade, à propriedade e ao lucro: com o reconhecimento social de riscos da modernização estão associadas desvalorizações e desapropriações ecológicas, que incidem múltipla e sistematicamente a contrapelo dos interesses de lucro e propriedade que impulsionam o processo de industrialização. Ao mesmo tempo, os riscos produzem novos desníveis internacionais, de um lado entre o Terceiro Mundo e os países industriais, de outro lado entre os próprios países industriais. Eles esquivam-se à estrutura de competências do Estado Nacional. Diante da universalidade e da supranacionalidade do fluxo de poluentes, a vida da folha de grama na floresta bávara passa a depender da assinatura e implementação de acordos internacionais. (BECK, 2011, p. 27).

A sociedade de risco é também marcada pela necessidade de nova estruturação política e da responsabilidade o que significa referir-se aos âmbitos públicos e privados. "Nos riscos da modernização, portanto, algo que se encontra conteudístico-objetiva, espacial e temporalmente apartado acaba sendo causamente congregado e, desse modo, além do mais, colocado simultaneamente numa relação de responsabilidade social e jurídica." (BECK, 2011, p. 33). Há, assim, a assunção do perigo de manter-se em estado de exceção permanente em um contexto em que não se verifica o cumprimento da lei e do direito, ao contrário, constrói-se um império da vontade do chefe do executivo em flagrante expressão do arbítrio e da antijuridicidade:

> Emerge assim na sociedade de risco, em pequenos e em grandes saltos- em alarmes de níveis intoleráveis de poluição, em casos de acidentes tóxicos etc.-, o potencial político das catástrofes. Sua prevenção e seu manejo podem acabar envolvendo uma reorganização do poder e da responsabilidade. A sociedade de risco é uma sociedade catastrófica. Nela, o estado de exceção ameaça converter-se em normalidade. (BECK, 2011, p. 28).

A ameaça atinge, também, os interesses das classes mais abastadas que se veem privadas do exercício livre e absoluto de suas propriedades, ou que vivem da mercantilização da vida. "Surge, dessa maneira, uma genuína contradição, que sistematicamente se aprofunda, entre os interesses de lucro e propriedade que impulsionam o processo de industrialização e suas diversas consequências ameaçadoras, que comprometem e desapropriam inclusive os lucros e a propriedade." (BECK, 2011, p. 46).

De nada adianta transferir as indústrias poluentes para os países em desenvolvimento, vez que os riscos retornam aos países ricos quando estes importam *comodities* ali produzidas. "As extremas desigualdades internacionais e as interdependências do mercado global lançam os bairros pobres dos países periféricos às portas dos ricos centros industriais." (BECK, 2011, p. 53).

A sociedade de risco é caracterizada por se consolidar em uma sociedade altamente midiática, que valoriza acentuadamente o conhecimento e sua disseminação. "A sociedade do risco é, nesse sentido, também a sociedade da ciência, da mídia e da informação. Nela, escancaram-se assim novas oposições entre aqueles que produzem definições de risco e aqueles que as consomem." (BECK, 2011, p. 56).

Se nas sociedades de classes a carência é palavra de primeira ordem, nas sociedades de risco a insegurança inaugura um cenário de medo que é enaltecido à condição de primeira grandeza: O lugar do sistema axiológico da sociedade "desigual" é ocupado assim pelo sistema axiológico da sociedade "insegura". (BECK, 2011, p. 59).

A sociedade de risco assume importantes consequências no instituto da responsabilidade civil, sabe-se que a responsabilidade sem culpa nasce da emergência da sociedade industrial e dos riscos concretos por ela provocados. Por sua vez, a responsabilidade objetiva com fulcro na ideia e concepção de risco abstrato surge com a chamada segunda modernidade no bojo da sociedade de risco. Délton Winter de Carvalho explica:

> A passagem desta Teoria do Risco (concreto) para uma Teoria do Risco Abstrato (proveniente das teorias sociais de autores tais como Niklas Luhmann, Raffaele De Giorgi e Ulrich Beck) decorre da própria mutação da sociedade, ou seja, da transição da sociedade industrial para uma sociedade de risco, na qual as indústrias química e atômica demarcam uma produção de riscos globais, invisíveis e de consequências ambientais imprevisíveis. Enquanto os riscos da sociedade industrial são concretos (fumo, trânsito, utilização industrial de máquinas de corte, etc.), os riscos inerentes à sociedade de risco são demarcados por sua invisibilidade, globalidade e imprevisibilidade. Os riscos invisíveis, surgidos em acréscimo aos riscos concretos, apresentam uma nova face, isto é, são imperceptíveis aos sentidos humanos (visão, olfato, tato, audição e gustação). Em que pese o risco tratar-se de uma construção social, esta nova formatação social ressalta a importância do futuro, na qual deve haver sempre a avaliação das consequências futuras das atividades humanas. (CARVALHO, 2007, p. 65).

A sociedade de risco enseja o surgimento de riscos e de danos de novos tipos, são os chamados danos e riscos que ainda não ocorreram, também denominados de danos futuros. Neste contexto, o dano se consolida por sua abstração tendo nítida e intrínseca relação com o princípio da precaução. Dessa forma, faz-se necessário um novo agir do Direito: "A formação de uma nova noção ao risco detém, principalmente, a função de dar condições estruturais para que o Direito produza processos decisivos que, para investigar, avaliar e gerir os riscos ambientais, se antecipem a ocorrência dos danos ambientais." (CARVALHO, 2007, p. 68).

Délton Winter de Carvalho estabelece um conceito de dano ambiental futuro:

> O dano ambiental futuro é a expectativa de dano de caráter individual ou transindividual ao meio ambiente. Por se tratar de risco, não há, necessariamente, dano atual nem necessariamente a certeza científica absoluta de sua ocorrência futura, mas tão somente a probabilidade de dano às futuras gerações. Nestes casos, a constatação de alta probabilidade ou probabilidade determinante de comprometimento futuro da função ecológica ou da capacidade de uso humano dos bens ecológicos, ensejaria a condenação do agente às medidas preventivas necessárias (obrigações de fazer ou não fazer) a fim de evitar danos ou minimizar as consequências futuras daqueles já concretizados. (CARVALHO, 2007, p. 74).

A abstração do risco contribui para uma postura investigativa anterior que visa a controlar e gerir os riscos produzidos pela modernidade reflexiva. "Uma teoria do risco abstrato atua como condição de possibilidade da responsabilidade civil ser não apenas um instrumento de reparação de danos, mas também de assimilação dos riscos ambientais (investigação, avaliação e gestão)." (CARVALHO, 2007, p. 69).

Mesmo diante de um dano hipotético, há lugar para a atuação da responsabilidade civil ambiental, sobretudo, no que diz sobre a adoção de medidas de cunho preventivo.

> Não se pode exigir a ocorrência de um dano atual como condição para imputação objetiva à atividade perigosa ou arriscada quando se está falando em dano ambiental futuro, sob pena de perda da função ambiental do bem ambiental em perigo e do sentido preventivo do Direito Ambiental. (CARVALHO, 2007, p. 73).

Atente-se:

> As observações tradicionais do Direito em matéria de responsabilidade civil refutam a reparabilidade do dano hipotético ou eventual, exigindo a certeza e a atualidade do dano. Neste sentido, não são incomuns decisões judiciais que, diante da inexistência de um dano atual e concreto, afastam a reparabilidade ou mesmo a imposição de obrigações jurídicas (medidas preventivas) sob a descrição de tratar-se de "dano hipotético". (CARVALHO, 2007, p. 70).

Essa nova espécie de riscos interfere sobremaneira nas funções assumidas pela responsabilidade civil, que passa a abraçar, não somente as atuações repressivas, mas as de gestão, planejamento, investigação cujo objetivo maior é evitar a ocorrência dos eventos danosos:

> A nova concepção atribuída ao risco (e à teoria do risco) visa a potencializar a responsabilidade civil como instrumento jurisdicional não apenas de reparação de danos, mas também de investigação, é concretizada na realização de perícias ambientais no processo judicial, a avaliação dos riscos se dá pela integração entre os conhecimentos científicos e o Direito, formando uma avaliação jurisdicional probalística dos

riscos ambientais e de sua tolerabilidade. Já a gestão do risco ambiental pela responsabilidade civil decorrerá das medidas preventivas impostas ao agente com o escopo de evitar a ocorrência de danos ambientais futuros. (CARVALHO, 2007, p. 79).

Salienta-se que a lei da Ação Civil Pública em seu artigo 3º "prevê a possibilidade de imposição de obrigações de fazer ou não fazer (medidas preventivas) a um determinado agente, mesmo antes da efetivação do dano ambiental desde que existente risco ambiental intolerável." (CARVALHO, 2007, p. 83).

Para concluir, abaixo é exposto um quadro comparativo entre a responsabilidade civil ambiental e a responsabilidade civil ambiental que contempla o dano ambiental futuro:

Quadro 1 – Quadro Comparativo entre Responsabilidade Civil e Responsabilidade Civil Ambiental

Responsabilidade Civil por Danos Ambientais	Responsabilidade Civil por Dano Ambiental Futuro
Sociedade Industrial	Sociedade de Risco
Modernidade Simples	Modernidade Reflexiva
Riscos Concretos	Riscos Invisíveis
Princípio da Prevenção	Princípio da Precaução
Análise determinística do risco	Análise probalística do risco
Teoria do Risco (concreto ou dogmático)	Teoria do Risco (abstrato ou sociológico)
Responsabilidade Objetiva	Responsabilidade Objetiva sem dano
Variações na Teoria do Risco Concreto: risco criado/ integral	Variações na Teoria do Risco. Abstrato: probabilidade/improbabilidade
Dano ambiental atual	Risco Ambiental Ilícito (dano potencial ou futuro)
Fundamentação Normativa art. 14, parágrafo 1º da Lei nº 6.938/81	Fundamentação Normativa: arts. 187 CC/02, 225 CF/88 e 3º da Lei nº 7.347/85
Recuperação in natura ou indenização	Imposição de Medidas Preventivas

Fonte: Carvalho, 2007, p. 87

2.1. Conceito de Meio Ambiente

A Lei nº 6.938/81 conceituou meio ambiente como o conjunto de condições, leis, influencias e interações de ordem física, química e biológica que permite, abriga e rege a vida em todas as suas formas.

O meio ambiente é bem de uso coletivo e por isso demanda proteção, a definição trazida pelo artigo 3º, inciso I da Lei da Política Nacional do Meio Ambiente é ampla e abrange toda a biosfera, os ecossistemas e comunidades.

O conceito de meio ambiente está relacionado à possibilidade de atingir a sanidade do ambiente em sua globalidade, o que significa dizer que este conceito e sentido também se refere às futuras gerações.

Pode-se dizer que o meio ambiente expressa o resultado da interação dos elementos como o solo, a água, ar, flora, as belezas naturais, o patrimônio histórico, artístico, turístico, paisagístico e arqueológico. Este conjunto propicia o desenvolvimento equilibrado da vida em todas as suas formas.

O meio ambiente deve estar acima de qualquer consideração relacionada ao desenvolvimento como a iniciativa privada e a propriedade, porque se dedica à tutela da vida, protegendo-se dessa forma, um direito fundamental maior.

Didaticamente, o meio ambiente é classificado como meio ambiente natural, meio ambiente cultural, meio ambiente artificial e meio ambiente do trabalho. O meio ambiente natural é constituído pelos recursos naturais, como o solo, a água, o ar, a flora e a fauna. O meio ambiente cultural é formado pelo patrimônio histórico, arqueológico, artístico, paisagístico, ecológico, turístico e por todo o arcabouço valorativo que o compõe.

O meio ambiente artificial é o espaço construído e alterado pelo ser humano, como exemplo tem-se os edifícios urbanos, os espaços públicos abertos e fechados, as ruas, praças e áreas verdes. O meio ambiente artificial também abarca a zona rural referindo-se aos espaços habitáveis.

O meio ambiente do trabalho diz respeito ao local do exercício da atividade laboral, perfazendo-se como o conjunto de fatores que se relacionam às condições do ambiente de trabalho, como o local de trabalho, os instrumentos do trabalho, as operações e processos, e a relação do trabalhador com o meio físico.

Dessa forma, o meio ambiente é um direito fundamental de terceira geração, devendo ser tratado com cautela e responsabilidade, uma vez que se presta a ser guardião de um direito de maior relevância e grandeza, que é o direito à vida sadia e de qualidade.

3. Fundamentação filosófica da responsabilidade civil ambiental

3.1. Prometeu e a crise ambiental: a ética como fator de preservação da vida

A tragédia grega de Ésquilo (525-456 a.C) intitulada "Prometeu Acorrentado" (1998) marca uma importante advertência para o perigo do desenvolvimento da técnica sem o consentâneo progresso e filtro desempenhado pela ética.

Segundo o relato mitológico, os Deuses resolvem conceber vida ao mundo manifestado, com a criação dos seres vivos, especificamente com a criação dos animais. Os Deuses do Olimpo, então, decidem dedicar esta tarefa aos irmãos Prometeu e Epimeteu, determinando a eles a incumbência de distribuir as qualidades de cada espécie.

Os nomes Prometeu e Epimeteu possuem um importante sentido, compostos pelo radical grego que significa compreender, aprender e estudar, e pelos prefixos *epi*(após) e *pro*(antes), denotam a imprevidência de Epimeteu e a previdência de Prometeu.

Epimeteu solicita ao irmão realizar o encargo de forma individual, distribuindo as qualidades às espécies animais, e, posteriormente, Prometeu realizaria a atividade de verificar a qualidade de corretude da execução da incumbência a eles destinada.

Desta feita, Epimeteu passou a atribuir as qualidades de forma a assegurar a todos uma igual possibilidade de sobrevivência. Já no término de sua tarefa, Epimeteu constata sua imprevidência ao perceber que havia esquecido de distribuir tais qualidade aos humanos, nada a eles sobrara, estando fadados a nascerem destituídos de qualquer atributo que lhes conferisse a possibilidade de mantença de sua vida.

Prometeu, ao analisar tal situação, toma uma decisão de coragem e resolve subir ao Olimpo e subtrair de Hefaístos e de Atena o conjunto das técnicas que constituíam qualidades divinas, e que contemplavam a capacidade atribuída aos homens de inventar seus próprios meios de sobrevivência.

Infelizmente, os homens não foram capazes de conviver em harmonia uns com os outros, por não possuírem a arte da política, e Prometeu não mais poderia enganar os Deuses e subtrair esta qualidade essencial para a sobrevivência harmônica entre os homens. Zeus se compadece da humanidade e envia Hermes, seu mensageiro, cuja incumbência seria distribuir aos homens a justiça e o respeito pelos outros, *dikê* e *aidôs* respectivamente. Zeus ainda solicita que se distribua também a arte da política essencial a todos, como garantia da existência da paz e harmonia social.

Comparato esclarece que "esse célebre mito ilustra, maravilhosamente, a realidade sistêmica da estrutura social: a ligação da técnica com o ideário e as instituições políticas e, em particular, o papel eminente da ética como fator de preservação da vida na face da Terra". (COMPARATO, 2006, p. 37).

O mito revela a urgência do saber utilizar a técnica e a tecnologia disponível à humanidade, e o grande filtro limitador desta utilização será o da ética. Especialmente este estudo se debruçará ao estudo da ética da responsabilidade proposta por Hans Jonas ao exortar para uma conduta que se pauta na solidariedade e na manutenção da vida da humanidade, o que quer dizer que toda ação do homem deve se voltar para esta atitude preventiva e de manutenção que alinhava o presente vislumbrando a possibilidade de futuras gerações.

O desenvolvimento da técnica conferiu ao homem um poder exacerbado que o fez acreditar senhor de todo o viés de seu existir. Considerou a natureza infindável e só se preocupou com questões próximas de sua realidade, tanto no que diz sobre os aspectos temporal e espacial.

A biotecnologia, com a manipulação dos mecanismos genéticos, avança para alcançar a cura de doenças e, quiçá, a manutenção perpétua da vida de forma perfeita e selecionada. A informação é caracterizada por sua imediaticidade e as distâncias são substituídas pela proximidade engendrada pelos aparelhos cada vez mais digitais. Mas o espetáculo da tecnologia não é capaz de solucionar problemas essenciais da humanidade, há uma mistura de aspectos altamente positivos, mas também drasticamente prejudiciais.

A natureza, como fonte de toda expressão da vida, vê-se em perigo. O ambiente, sendo fator determinante da sua manutenção e de sua qualidade, deve ser tratado de forma adequada e equânime, de modo que haja sustentabilidade em toda e qualquer atividade que resulte em desenvolvimento.

Justamente por essas razões é que o Direito Ambiental preconiza uma atuação conjunta de todos os atores sociais, envolvendo indivíduos, governo, sociedade civil, Ministério Público, e o Poder Judiciário.

3.2. Responsabilidade: um sentido

Um conceito possível de responsabilidade se assenta na "possibilidade de prever os efeitos do próprio comportamento e de corrigi-lo com base em tal previsão". (ABBAGNANO, 2000, p. 855). Trata-se de um conceito recente, cujo primeiro significado tratou a responsabilidade com os sentidos de governo responsável ou responsabilidade do governo, contemplando a dimensão política do termo (ABBAGNANO, 2000). O que permite constatar o caráter público, coletivo da ação, e de sua responsabilidade, no sentido de que o governo age para controlar os cidadãos e existe em função deles.

Na filosofia, o termo responsabilidade se compatibiliza com a ideia de liberdade, esclarece Nicola Abbagnano que "na verdade, a noção de responsabilidade baseia-se na de escolha, e a noção de escolha é essencial ao conceito de liberdade limitada." (ABBAGNANO, 2000, p. 855). Não se pode olvidar da necessidade de esta liberdade ser, de fato, limitada, uma vez que, se absoluta fosse, o sujeito estaria indiferente à previsão, o que o impediria de corrigir seus comportamentos.

Trata-se, a responsabilidade, de um juízo de escolha, um exercício de liberdade em que se ponderam motivos do agir, vislumbrando-se seus efeitos e consequências. "O fundamento da responsabilidade é a liberdade da vontade." (MORA, 1971, p. 2522).

Outros sentidos de responsabilidade são propostos por Ferrater Mora que afirma que "uma pessoa é responsável quando está obrigada a responder por seus próprios atos." (MORA, 1971, p. 2522). Reflete-se aqui acerca da extensão desta responsabilidade, no sentido de se abarcar todos os atos e, além deles, os seus efeitos e consequências.

A questão da previsibilidade das consequências dos atos é erigida a um patamar de grande relevância, sobretudo, quando se percebe os escopos do Direito Ambiental, como um direito do presente e do futuro.

A história do sentimento de responsabilidade esboçada por Lévy-Bruhl, é narrada acentuando-se a necessidade da maturação e crescente complexidade deste mesmo sentimento de responsabilidade, que se volta para a sua aplicabilidade:

> Pode-se traçar uma história da noção de responsabilidade que, como a que foi esboçada por Lévy-Bruhl,

> destaque não somente as variações experimentadas no conceito em questão, mas também a maturação e crescente complexidade do sentimento de responsabilidade. Segundo esse autor, a presença de tal sentimento supõe uma civilização bastante avançada na qual existem a lei e a sanção. A responsabilidade é então bem definida, mesmo que não se possa dizer que seja muito pura, já que está ligada a ideia de castigo. Com mais pureza se destaca a noção do ser responsável quando aparece o sentimento de culpabilidade. (MORA, 1971, p. 2522).

Nota-se, assim, a importância que o sentir-se responsável apresenta a quem se deve responsabilidade, seja responsabilidade perante si, perante o outro, à coletividade, à humanidade. Outro aspecto importante é a existência da lei e da sanção como forma de castigo e da noção de culpabilidade no sentido de direcionar o agir. A ação, então, se torna condicionada à sanção castigo, porém, a dimensão da culpabilidade indica que aquele que praticou determinado ato é que deve ser compelido a reparar o dano causado. Talvez, o aspecto mais sublime do conceito de responsabilidade é o que atribui caracteres de individualidades condicionados à coletividade. "O sentimento de responsabilidade é um sentimento pessoal, que compromete cada pessoa e a faz compreender que ela não pode simplesmente se abandonar às suas conveniências individuais." (MORA, 1971, p. 2522).

Diante das ideias alocadas é possível pensar que o homem está, na verdade, condenado à liberdade, o que parece paradoxal, mas a responsabilidade se apresenta como pressuposto para o exercício de toda e qualquer liberdade.

3.3. Relação Homem Natureza

O sentido da intrínseca e necessária relação existente entre homem e natureza é dado por Henrique Cláudio de Lima Vaz, quando explicita sobre a realidade do homem e sua exterioridade como forma de ser no mundo, o que o autor chama de objetividade. Afirmando que "apoiando-se na experiência do mundo e nela lançando suas raízes, o homem cria novas formas da sua presença à realidade exterior." (VAZ, 1992, p. 23).

Assim, o homem, situado no mundo, é capaz de interferir na realidade que lhe é externa. Somando-se a esta questão tem-se que o homem se afirma em um contexto de intencionalidade, que abarca as dimensões de seu corpo, de seu psiquismo e do espírito, constituindo sua medida humana de estar no mundo em uma totalidade estrutural. E em sua complexidade de estar no mundo, "o homem pretende explicar o mundo em sentido literal, desdobrá-lo como um mundo das significações, e, assim compreendê-lo." (VAZ, 1992, p. 24).

A natureza é também o lugar do homem, onde ele exerce o seu fazer e o seu contemplar, ou seja, lugar da *poiesis* e da *theoría*. Lima Vaz ainda diferencia o mundo da natureza, dizendo que o "mundo" é compreendido a partir de uma visão fenomenológica e "natureza" como noção científica, no sentido das ciências formais e empíricas. (VAZ, 1992. No tocante à relação de objetividade compreendida através de um sentido antropológico, diz-se que o homem transforma o mundo pela técnica e o explica pela ciência. (VAZ, 1992).

A ciência moderna, através da razão, torna a técnica capaz de mudar completamente a natureza. Na verdade, a técnica, que sempre existiu, passa a ser essencialmente experimental e fundada numa relação do fazer.(REIS; THIBAU, 2014).

Segundo Émilien Villas Boas Reis e Vinícius Lott Thibau, a capacidade de transformar a natureza através da técnica ocorreu por meio da razão instrumental, baseada em um raciocínio de custo-benefício, entretanto, pontuam que:

> A percepção de que a razão calculista permeia o direito ambiental, possibilita compreender como algumas ciências, tal como a economia, prevalecem a outras quanto à relação entre áreas, já que tudo se submete ao medido. O diálogo com a filosofia pode amenizar esta situação. (REIS; THIBAU, 2014, p. 16).

É possível desenvolver sentidos de natureza, ora ela é pensada, ou representada no seu oferecer-se, ou estar aberta à *poiesis* fabricadora ou epistêmica do homem, sendo representada como matriz dos seres que povoam os fenômenos e o mundo. (VAZ, 1992). Ora "se constitui como domínio de uma forma de presença humana no mundo que acabou por tornar-se a forma dominante na civilização ocidental." (VAZ, 1992, p. 26). Dessa forma, é possível afirmar que o homem molda o seu mundo exterior para satisfazer todas as suas carências e necessidades das biológicas às espirituais. Assim pontua Vaz:

> O estar do homem no mundo contempla o fazer e o conhecer, a técnica e a ciência. Por meio da técnica e da ciência o homem satisfaz suas carências, que se estendem do biológico ao espiritual e contemplam a satisfação da sua necessidade inata e incoercível de conhecer. (VAZ, 1992, p. 26).

Com a intensa intervenção e *poiesis* do homem em relação à natureza, surgem vários problemas, o que leva à interrogação em dois comportamentos em face da técnica. Ou se desativa e se abdica da técnica, ou, ao contrário, vislumbra-se a técnica como solução dos problemas humanos fundamentais. Nasce, assim, a conceptualização ontológica da técnica, inaugurando-a como um evento fundamental da relação histórica do homem com o Ser (VAZ, 1992).

Na compreensão explicativa de objetividade, tem-se a junção da técnica à ciência, a tecnociência, que assim, é permeada por um saber dominante da realidade objetiva. Exorta Vaz à reflexão: "É no horizonte traçado pelo saber científico que acabam por assumir feição aparentemente definitiva as formas eficazes de relação com a realidade exterior que o homem vem tentando edificar ao longo do tempo." (VAZ, 1992, p. 28).

Não há dúvidas que é necessária, uma sustentabilidade que "de forma simples, é a utilização dos recursos naturais para a sobrevivência humana a permitir que as gerações vindouras vivam também de forma equilibrada." (REIS; THIBAU, 2014, p. 15).

Conclui-se que o saber científico assume meramente a aparência de permanência e definitividade consoante às formas de relação com a edificação do exterior, o que culmina em toda a problemática de ordem cultural, ética e filosófica que emana da relação do homem com o mundo e com a natureza.

3.4. O Princípio Responsabilidade em Hans Jonas

O presente capítulo tem por objetivo refletir acerca do princípio responsabilidade proposto por Hans Jonas. Aqui, não se tem a pretensão de exaurir o conhecimento e de se esgotar todas as reflexões acerca de sua teoria, busca-se, entretanto, uma reflexão acerca de seu pensamento afeto à responsabilidade.

Hans Jonas nasceu em 1903, em Monchengladback, na Alemanha e faleceu em Nova York em 1993. De origem judaica, sua formação humanística advém dos profetas da bíblia hebraica. (BINGEMER, 2006). Sua vida filosófica é marcada por importantes momentos. Em 1921, frequenta as aulas de Martin

Heidegger (1889-1976) que, por muito tempo, foi seu mentor intelectual. Em 1924, Heidegger transfere-se para a universidade de Marburg e Jonas o acompanha. Em 1931, apresenta sua tese sobre gnose no cristianismo primitivo influenciado por Rudolf Bultman (1884-1976). (BINGEMER, 2006, p.17).

Em 1966, ocorre a publicação de *The Phenomenon of Life, Toward a Philosophical Biology*. Nesta obra, reconduz a vida a uma posição privilegiada e distante dos extremos do irrealismo ideal e do limitado materialismo, apresentando o equívoco de isolar o homem do resto na natureza, imaginando-o desvinculado das outras formas de vida. (BINGEMER, 2006, p. 17).

Em 1979, publica "*O Princípio Responsabilidade: Ensaio de uma Ética para a Civilização Tecnológica*". Jonas, nesta obra, insere a natureza como objeto da preocupação humana. Jonas se preocupa com a morte essencial, aquela que advém da desconstrução e a aleatória reconstrução tecnológica do homem e do ambiente. (BINGEMER, 2006, p. 18).

Propõe uma interação entre a pesquisa e o poder e o destoamento da função do saber, que deveria ser a busca meditada e ponderada da qualidade da vida humana. (BINGEMER, 2006, p. 18. A teoria proposta por Jonas está construída em torno das categorias de bem, de dever e de ser e encontra na relação pais-filhos seu arquétipo primordial.

É possível pensar que a teoria de Jonas se assenta na relação de pais e filhos no âmbito do privado e nas relações de poder no âmbito público, que, ao final, compreende-se em uma verdadeira simbiose chamada sociedade ou artefato da cidade.

Jonas (2006) inaugura suas reflexões denunciando o fantástico e grandioso poder do homem, sua astúcia, inteligência, e extraordinário talento através do canto do coral da Antígona, de Sófocles[1]. Todavia, reconhece que o tamanho en-

---

[1] Sófocles nasceu por volta de 496 a.C., em Colono, cidadezinha dos arredores de Atenas, e ali morreu por volta do ano 406 a.C., aos 90 anos de idade. Venceu em 469

genho humano não é capaz de superar os ditames e a certeza irrefutável da morte.

Graças à esperteza do homem ele foi capaz de interferir na ordem cosmológica e com o desenvolvimento de suas aptidões intelectuais, reflexivas e sociais, construiu a sua casa, personificada na figura da cidade. Com a construção do artefato da cidade, há, concomitantemente, a violação da natureza.

A natureza, a seu turno, era considerada algo perene e interminável dotada de um predicado de ciclo, como se sua existência se autorrenovasse jamais sofresse com o esgotamento. Segundo Jonas: "Tudo isso é válido, pois antes de nossos tempos as interferências do homem na natureza, tal como ele próprio as

---

a.c. um concurso anual de dramaturgia com uma tetralogia composta de três tragédias e um drama satírico, derrotando o veterano Ésquilo. As apresentações foram consagradoras, e Sófocles se tornou o dramaturgo grego mais festejado e homenageado em vida, além de cidadão ilustre. Ao longo de sua vida, o poeta presenciou a expansão do império ateniense, o apogeu político e cultural helênico, durante o período de Péricles, de quem era amigo. Experimentou também a decadência, com a derrota de Atenas na Guerra do Peloponeso. Em uma cultura em que a política e a poesia encontravam-se bastante ligadas, Sófocles foi nomeado por Péricles ministro do Tesouro (entre 443 a.C. e 442 a.C.) e por duas vezes foi eleito comandante do exército em expedições militares, mas o seu renome deveu-se, realmente, ao seu talento poético. Calcula-se que tenha escrito 123 peças e vencido 24 vezes os concursos anuais de dramaturgia trágica. Deste prolífico autor, chegaram até nossos dias apenas um drama satírico incompleto (Os Sabujos), inúmeros fragmentos e sete tragédias completas (as datas das primeiras apresentações são aproximadas): Ajax (450 a.C.), Antígona (442 a.C.), Édipo Rei (430 a.C.), Electra (425 a.C.), Traquinianas (entre 420 a.C. e 410 a.C.), Filoctetes (409 a.C.) e Édipo em Colono (401 a.C.). Sófocles é uma figura centralíssima não apenas para o estudo da cultura helênica, mas também da literatura, uma vez que uma de suas peças (Édipo Rei) foi praticamente utilizada como modelo de tragédia em A Poética, de Aristóteles(SÓFOCLES, 2016).
A peça Antígona trata da morte de dois irmãos Polinices e Eteócles e da decisão de Creonte de enterrar um e não enterrar o outro. Antígona, a irmã, se sente na obrigação de enterrar o irmão. A peça faz-nos refletir, entre outros aspectos, acerca da justiça da lei, dizendo que se uma lei é injusta ela não deve ser cumprida. Trata-se, assim, de um conflito entre a percepção do Estado e do Indivíduo. Há que se ponderar também a questão da desobediência civil, como uma objeção de consciência; sua consciência moral pode se revoltar quanto à ordem injusta do tirano, vincula-se a isto, à ideia de estado de exceção.

via, eram essencialmente superficiais e impotentes para prejudicar um equilíbrio firmemente assentado." (JONAS, 2006, p. 32).

Na razão de ser a natureza autossuficiente, a ela nenhum limite ético de responsabilidade era dedicado. Mas é na estrutura física e cultural da cidade que a necessidade de se fundar uma ética da responsabilidade ganha espaço. Jonas esclarece:

> [...] a natureza não era objeto da responsabilidade humana- ela cuidava de si mesma e, com a persuasão e as insistências necessárias, também tomava conta do homem: diante dela eram úteis a inteligência e a inventividade, não a ética. Mas na cidade, ou seja, no artefato social onde homens lidam com homens, a inteligência deve casar-se com a moralidade, pois essa é a alma de sua existência.(JONAS, 2006, p. 34)

Jonas (2006) descreve as características das éticas tradicionais afirmando que o domínio da habilidade técnica era neutro, a) porque a natureza das coisas não era afetada e b) porque a técnica era resultado de uma genuína necessidade. Outros traços marcantes da ética tradicional são percebidos no fato de ser ela marcadamente uma ética antropocêntrica, porque cuidava do relacionamento do homem com outros homens, e o de cada homem consigo mesmo.

O homem não era objeto da técnica e sua ação não era planejada, não havia uma preocupação referente ao seu futuro. A ética relacionava-se com questões eminentemente presentes, realizadas em um contexto imediato, firmado no aqui e no agora.Jonas esclarece o caráter imediato da ação presente na ética tradicional:

> Aquele que age e o "outro" de seu agir são partícipes de um presente comum. Os que vivem agora e os que de alguma forma têm trânsito comigo são os que têm alguma reivindicação sobre minha conduta, na me-

dida em que esta os afete pelo fazer ou pelo omitir. O universo moral consiste nos contemporâneos, e o seu horizonte futuro limita-se à extensão previsível do tempo de suas vidas. (JONAS, 2006, p. 36).

Esse contexto marcante da ética tradicional fora veementemente modificado. Inaugura-se o fazer coletivo cujas consequências transcendem o âmbito temporal mais próximo. Inicia-se, necessariamente, uma nova ética pautada pela responsabilidade.

Nesse novo cenário, a natureza não se vê imantada por sua infinitude e perenidade, nasce a ecologia como ciência do ambiente que adverte e exige uma conduta de cuidado para com a biosfera. No dizer de Jonas: "Ela nos revela que a natureza da ação humana foi modificada de facto, e que um objeto de ordem inteiramente nova, nada menos que a biosfera inteira do planeta, acresceu-se àquilo pelo qual temos de ser responsáveis, pois sobre ela detemos poder." (JONAS, 2006, p.39).

A responsabilidade é enaltecida e atrelada às relações de poder. Ademais, a ética tradicional pautava-se em um comportamento não cumulativo. Com a ampliação do espaço e do tempo, as relações de causa e efeito são fortalecidas pela progressividade das ações e consequências, agora irreversíveis.

O saber ocupa lugar privilegiado no tocante à técnica em uma realidade marcada pela imediaticidade e ampliação das esferas do agir, carecendo de ser previdente e anteceder qualquer saber técnico. Outra obrigação do homem é o reconhecimento da ignorância do saber como limitador de todo o poder em excesso: "reconhecer a ignorância torna-se, então, o outro lado da obrigação do saber, e com isso torna-se uma parte da ética que deve instruir o autocontrole, cada vez mais necessário, sobre o nosso excessivo poder." (JONAS, 2006, p. 41).

Avança em seu pensamento ao propor, de forma interrogativa, a possibilidade de se estender a ética para a natureza extra-humana como parte da responsabilidade humana:

> [...] deixou de ser absurdo indagar se a condição da natureza extra-humana, a biosfera no todo e em suas partes, hoje subjugadas ao nosso poder, exatamente por isso não se tornaram um bem a nós confiado, capaz de nos impor algo como uma exigência moral. [...]. Isso significaria procurar não só o bem humano, mas também o bem das coisas extra-humanas. (JONAS, 2006, p. 41)

Jonas constata que o fundamento da ética fora modificado, sendo no início uma exteriorização da necessidade e nos tempos modernos um fim escolhido pela humanidade. "A conquista de um domínio total sobre as coisas e sobre o próprio homem surgiria como a realização do seu destino. (JONAS, 2006, p. 43).

Neste cenário, a ética deve ocupar o mesmo lugar de destaque ocupado pelo avanço tecnológico, uma vez que o processo tecnológico modifica o agir humano, transformando, inclusive, o conceito do homem sobre si mesmo e sobre seu ser e sobre seus valores.

O orgulho por sempre avançar, utilizando-se de um retorno inventivo, cumulativo e integrador, faz dos seres humanos amantes de um êxito que enaltece e privilegia o seu poder. A busca incessante do homem ou da humanidade pelo sucesso, impulsiona Jonas a questionar acerca do que ele é numa escala coletiva de ação em detrimento de uma escala meramente produtiva.

Deste questionamento acerca de quem é o homem, coadunado com a afirmação e a reflexão do que ele é capaz de fazer e produzir, surge uma dimensão de responsabilidade que transcende o tempo presente da ação para a indeterminação de seu futuro.

Trata-se, assim, da necessidade da interferência da moral na esfera do produzir, que, em sentido coletivo demanda projeções temporais longas, que, segundo Jonas (2006), só podem ser alcançadas através das políticas públicas.

A expansão da interferência humana na natureza, modela o espaço artificial, fazendo com que a diferença entre natural e artificial seja suprimida. A noção de perecimento e finitude também acompanha este desenvolvimento, e enseja o surgimento de legislações com vistas a se edificar a cidade como um lugar apto a abrigar a vida e as relações, tanto para as gerações presentes quanto para as futuras, em prever certos acontecimentos, com vistas a preservar o mundo físico àqueles que ainda não nasceram, mas são candidatos potenciais a existir. Jonas pontua acerca do dever de proteção:

> O dever de proteger a premissa básica de todo o dever, ou seja, precisamente a presença de meros candidatos a um universo moral no mundo físico do futuro; isso significa, entre outras coisas, conservar este mundo físico de modo que as condições para uma tal presença permaneçam intactas, e isso significa proteger a sua vulnerabilidade diante de uma ameaça dessas condições. (JONAS, 2006, p. 45).

Dessa forma, Jonas defende o existir dos não-nascidos e o dever da humanidade em preservar o mundo físico, em que pese as vulnerabilidades advindas do avanço tecnológico. Para tanto, propõe um novo imperativo a partir da crítica estabelecida em relação ao imperativo categórico de Kant que determinava: "aja de modo que tu também possas querer que tua máxima se torne lei geral". Na visão de Jonas o imperativo kantiano se refere aos seres humanos, seres racionais da ação, e contempla somente a esfera presente da ação, descurando-se do porvir e das futuras gerações. "O imperativo categórico de Kant era voltado para o indivíduo, e seu critério era momentâneo."(JONAS, 2006, p. 48).

O novo imperativo proposto por Jonas determina:

> *Aja de modo a que os efeitos da tua ação sejam compatíveis com a permanência de uma autêntica vida humana sobre a Terra".* Ou de forma negativa: *"Aja de modo a que os efeitos da tua ação não sejam destrutivos para a possibilidade futura de uma tal vida".* Ou *"não ponha em perigo as condições necessárias para a conservação indefinida da humanidade sobre a Terra.*(JONAS, 2006, p. 47-48, destaques nossos).

Dessa forma, Jonas inadmite colocar a existência da humanidade como objeto de uma aposta, ponderando acerca dos excessos do presente em primazia de uma vida futura. É veemente ao afirmar: "Nós não temos o direito de escolher a não existência de futuras gerações em função da existência atual, ou mesmo de as colocar em risco."(JONAS, 2006, p. 48).

Afirma que seu imperativo vislumbra a ação coletiva no âmbito das políticas públicas e se volta para um futuro previsto, previsível e concreto "que constitui a dimensão inacabada de nossa responsabilidade." (JONAS, 2006, p. 49).

Jonas chama a atenção para a atuação do estadista e do legislador. Estas atuações demandam maior atenção e cuidado que as ações de caráter individual, porque sua tendência é perdurar-se por um período temporal considerável. Para Jonas, um estadista deve ser sábio e moderado pois "a ação política possui um intervalo de tempo de ação e de responsabilidade maior do que aquele da ação privada."(JONAS, 2006, p. 54).

O homem na técnica moderna passa a ser objeto de manipulação, a extensão de seu poder é capaz de subjugá-lo por possibilitar-lhe sua própria reinvenção. A certeza da morte passa a ser algo questionável, a mortalidade passa também a ser objeto da técnica, que sustenta a promessa de que os dias poderiam durar indefinidamente. Jonas (2006) chama a atenção para os sérios riscos que possam advir desta manipulação genética, destacando o rompimento de sentido em relação à finitude humana, a postura diante da morte e o significado do equilíbrio biológico entre procriação e morte.

Ele explica que quanto maior o prolongamento da vida, menores são os nascimentos, havendo, portanto, um ingresso menor de vida nova. Se se abole a morte, abole-se também a procriação. Jonas reflete: "então teríamos um mundo de velhice sem juventude e de indivíduos já conhecidos, sem a surpresa daqueles que nunca existiram." (JONAS, 2006, p. 58).

Jonas reflete acerca dos sujeitos destinatários destes procedimentos, possivelmente aqueles dotados de maior poder econômico e prestígio social. E finaliza afirmando a necessidade de um tempo de vida limitado "para nos incitar a contar os nossos dias." (JONAS, 2006, p. 59). Tratam-se, pois, de questões que devem ser encaradas sob o ponto de vista da ética e dos princípios, jamais sob pressões econômicas ou políticas.

Outra variante do desenvolvimento biotecnológico é o controle do comportamento humana, neste contexto há pontos positivos, mas também prejudiciais. Se se pensa em um tratamento para aliviar a dor de um paciente com doença mental, pode lhe ser atribuído uma razão positiva, todavia, se o objetivo for evitar condutas indesejáveis socialmente, claramente se verifica um aspecto segregante e negativo.

Outra questão suscitada pelo desenvolvimento biotecnológico é a busca pela felicidade e pelo prazer desprovidos de uma razão que os fundamente. E também dos estímulos artificiais das potencialidades humanas. Jonas, então, questiona:

> Devemos induzir disposições de aprendizagem em crianças na escola por meio de prescrição maciça de drogas, e assim contornar o apelo à motivação autônoma[...]. Devemos produzir sensações de felicidade ou ao menos de prazer, quer dizer, independentes dos objetos da felicidade e do prazer e da sua obtenção na vida e no desempenho pessoal?(JONAS, 2006, p. 60).

Tais atitudes nos distanciam da dimensão de autonomia proposta por uma conduta responsável, fazendo com que haja um aviltamento da dignidade humana. Nas palavras de Jonas:

> Sempre que contornamos dessa maneira o caminho humano para enfrentar os problemas humanos, substituindo-o pelo curto-circuito de um mecanismo impessoal, subtraímos algo da dignidade dos indivíduos e damos mais um passo à frente no caminho que nos conduz de sujeitos responsáveis a sistemas programados de conduta. (JONAS, 2006, p. 60).

Dessa forma, a autonomia e liberdade humanas se comprometem e o programa social se reduz a determinados tipos de indivíduos. Mais uma razão para se refletir no que realmente vale a pena ao homem do ponto de vista de seu próprio valor.

Ademais, a manipulação genética é outra questão que carece de delicadíssima análise, uma vez que o homem demonstra querer tomar em suas próprias mãos a sua evolução, melhorando e modificando a espécie segundo sua própria vontade. Mas será que o homem tem o direito de fazê-lo, é realmente qualificado para este papel criador? Jonas conclui: "tal é a pergunta mais séria que se pode fazer ao homem que se encontra subitamente de posse de um poder tão grande diante do destino." (JONAS, 2006, p. 61).

Jonas questiona acerca dos fundamentos da ética e de sua aplicação na prática do cotidiano, os fundamentos se referem à moral e à aplicação ao agir público. O conhecimento tido como afastado e de propriedade de poucos é questionado quando se vislumbra sua influência na sociedade, entendendo Jonas que este conhecimento deve se distanciar da emoção e aproximar-se da significação de princípio:

> Daí a prioridade da questão dos princípios, cuja melhor resposta possível, independentemente do seu

interesse teórico, tem importância prática em função da autoridade que suas decisões podem estabelecer no confronto de opiniões, e para a qual não basta mais a simples plausibilidade ou a evidência emocional de frases que afirmam que o futuro da humanidade e do planeta devem tocar o nosso coração. (JONAS, 2006, p. 69)

A ética da responsabilidade trava-se em uma busca, sobretudo, diante da finitude da vida e da sacralidade e importância das situações e pessoas diante da possibilidade do seu não existir, da sua perda ou ameaça. "Não saberíamos sobre a sacralidade da vida caso não houvesse assassinatos."(JONAS, 2006, p. 70).

A busca por uma ética da responsabilidade se dá a longo prazo. Jonas (2006) pontua acerca da necessidade de ameaça com a possível deformação da figura do homem, sendo que o desconhecimento do perigo coloca em xeque a sua própria proteção.

Dessa forma, faz afirmações acerca do bem e do mal, este imposto, perceptível e objeto de meditação. O bem, por sua vez, é discreto, desconhecido e destituído de reflexão, e conclui que o que não queremos, sabemos primeiro do que o que queremos, é a prevalência do medo em detrimento do desejo. Jonas estabelece um prognóstico negativo em detrimento do positivo com a finalidade de preservação do ambiente.

A projeção do futuro é a intencionalidade da ética buscada por Jonas. O autor reflete acerca do destino dos homens futuros:

> [...] o destino imaginado dos homens futuros, para não falar daquele do planeta, que não afeta nem a mim e nem a qualquer outro que ainda esteja ligado a mim pelos laços do amor e do convívio direto, não exerce essa mesma influência sobre o nosso ânimo; no entanto, ele o "devia" fazer, isto é, nós devíamos conceder-lhe essa influência.(JONAS, 2006, p. 72).

Fala, ainda, de um outro destino ligado a um temor de tipo espiritual, resultado de uma atitude escolhida, como obra própria, cuja afetação diz sobre a salvação ou a desgraça das gerações vindouras. As projeções futuras alicerçam-se na insegurança, e os prognósticos de curto e longo prazo referentes às obras de civilização técnica são diferentes, uma vez que a ética demanda uma extrapolação desconhecida. A própria humanidade, dado o caráter essencialmente insondável do homem e a incapacidade de prever futuras invenções, marcam a afirmativa de insegurança pontuadas por Jonas (2006).

Jonas afirma que o mero saber sobre possibilidades é insuficiente para previsões, mas presta-se à doutrina ética dos princípios. Inicia-se o raciocínio de aceitação das premissas: Se tal coisa é feita, então tal coisa sucede. Nas palavras de Jonas:

> É a luz do "então", que se apresenta à imaginação como possibilidade, como conteúdo e não como certeza.[...]. Aqui, a simples possibilidade fornece a necessidade, e a reflexão sobre o possível, plenamente desenvolvida na imaginação, oferece o acesso à nova verdade. (JONAS, 2006, p. 74).

Porém, trata-se de uma verdade ideal, cujos caminhos se direcionam para a descoberta de novos princípios. Jonas afirma ser o conhecimento do possível aparentemente inutilizável para o emprego dos princípios na política. A dificuldade se apresenta em decidir no momento atual, vislumbrando efeitos e alcances destas decisões. O impasse está no âmbito da política em seu plano prático operativo:

> Pois sabemos que ali o efeito final imaginado deve conduzir à decisão sobre o que fazer agora e ao que renunciar, exigindo-se assim uma considerável certeza da previsão, que justifique a renúncia a um desejável efeito próximo em favor de um efeito distante, que de qualquer modo não nos atingirá. (JONAS, 2006, p. 74)

Aqui, pode-se refletir sobre este "atingir" no que toca aos aspectos das gerações futuras e da proteção dos nossos em detrimento dos outros.

Jonas chama a atenção para o papel fundamental das políticas governamentais na preservação do homem e do meio ambiente. Há uma responsabilidade que a política tem, que se efetiva com o poder público. A concretização da cautela está de uma maneira fundamental nas mãos dos políticos.(COSTA; REIS; OLIVEIRA, 2016, p. 21).

Ademais, Jonas (2006) argumenta sobre a possibilidade de empreender correções, dizendo sobre a importância da tomada de decisões e do seu tempo para que haja, de fato, eficácia decisória, que se pauta, assim, em raciocínios circunstanciados.

Avança em suas discussões, quando reflete acerca das probabilidades em apostas altas, afirmando que o perigo do alto desenvolvimento da técnica reside no esquecimento dos passos lentos e graduais da natureza. "O grande empreendimento da tecnologia moderna, que não é nem paciente e nem lento, comprime- como um todo e em muitos de seus projetos singulares- os muitos passos minúsculos do desenvolvimento natural em poucos passos colossais." (JONAS, 2006, p. 77).

O fantástico poder do humano que tenta tomar em suas mãos o desenvolvimento por meio da razão é capaz de produzir, ainda mais, novas incertezas e perigos, ficando notável que nosso saber é impotente em relação aos prognósticos de longo prazo.

A tecnologia adquire sua própria dinâmica e tem a tendência de se autonomizar, o que chega a ultrapassar o que fora, originariamente, planejado. Assim, as correções tornam-se cada vez mais difíceis e a liberdade para realizá-las é menor. Dessa forma, Jonas (2006) afirma que o mau diagnóstico precede ao bom, concedendo primazia às possibilidades de desastre seriamente fundamentadas (que não sejam meras fantasias do medo) em relação às esperanças.

Mas se volta à questão do ser e como ele se desenvolve no mundo frente à necessidade de autoridade para determinação de modelos: "necessitamos estabelecer alguma autoridade para determinar modelos[...] essa autoridade só pode se apoiar em uma substancial suficiência do nosso ser, como ele se desenvolveu neste mundo."(JONAS, 2006, p. 80).

Jonas pontua o prognóstico negativo em detrimento do prognóstico da felicidade, para assuntos de grande importância, fazendo surgir uma nova dimensão de responsabilidade da ação. Ele assim o faz para se evitar a ocorrência de danos, sendo o medo um fator impeditivo da ação degradadora.

As ações humanas se entrelaçam indissoluvelmente, não se podendo evitar que "meu agir afete o destino dos outros; logo, arriscar aquilo que é meu significa sempre arriscar também algo que pertence a outro e sobre o qual, a rigor, não tenho nenhum direito. (JONAS, 2006, p. 84).

A casuística da responsabilidade considera o outro nas questões das escolhas e das apostas. E o equilíbrio se mostra como determinante pois "se pode viver sem o bem supremo, mas não com o mal extremo." (JONAS, 2006, p. 85).

A tecnologia deve se voltar para a necessidade, para o aprimoramento do já existente em benefício da humanidade e não atuar, antes, como signo de soberba. "Mesmo para salvar sua nação fica proibido ao estadista utilizar qualquer meio que possa aniquilar a humanidade."(JONAS, 2006, p. 86).

A proteção da vida é algo inconteste na teoria de Jonas, que a chama de obrigação incondicional de existir, por parte da humanidade. Por isso, a existência não pode ser objeto de aposta, tornando-se a prudência o cerne do agir moral.

A responsabilidade defendida por Jonas não se baseia na ideia de reciprocidade, porque esta demanda reivindicação. E quem reivindica é quem existe, entretanto, há de se considerar os direitos daqueles que ainda não existem e, por isso, não podem reivindicar, mas têm o direito de existirem de fato. Tem-se como parâmetro que o maior direito a ser respeitado é o direito à vida. "Toda vida reivindica vida." (JONAS, 2006, p. 89).

Explicam Beatriz Souza Costa, Émilien Vilas Boas Reis e Márcio Luís Oliveira que:

> Jonas compreende uma responsabilidade inerente à condição existencial do homem pelo fato de existir. A existência da humanidade garante que ela seja responsável pela sua existência e perpetuação dela, independentemente de haver um fundamento para tal evento. Implícita à noção de que os homens devam viver bem está a constatação de que eles devam já existir. (COSTA; REIS; OLIVEIRA, 2016, p. 27).

A responsabilidade para com os filhos demonstra a grandeza do prosseguimento da vida, pautando-se pela precaução e assistência. A relação de pais e filhos, segundo Jonas, "é a única classe de comportamento inteiramente altruísta fornecida pela natureza."(JONAS, 2006, p. 89). Afirma Jonas:

> O dever de cuidado com o filho que geramos e aí está pode justificar-se, mesmo sem o concurso do sentimento, com a responsabilidade de nossa autoria de sua existência e com o direito que agora pertence a essa existência- portanto, apesar da não-reciprocidade, com o princípio clássico dos direitos e deveres, ainda que ambos sejam aqui unilaterais. (JONAS, 2006, p. 90).

Há uma preocupação da existência da humanidade futura. Deve-se assegurar a existência pura e simples da humanidade, o que impele aos contemporâneos um dever como agentes causais, "graças ao qual nós assumimos para com eles a responsabilidade por nossos atos cujas dimensões impliquem repercussões de longo prazo."(JONAS, 2006, p. 92).

Trata-se de um dever de se garantir a existência de futuros sujeitos de direitos e suas possibilidades de felicidade e bem viver.Ademais ressalta-se que a teoria da responsabilidade proposta por Jonas abarca um princípio que se volta para o futuro.

Jonas aponta um questionamento acerca da ética tradicional pautada em um acentuado antropocentrismo, afirmando que "as possibilidades apocalípticas contidas na tecnologia moderna têm nos ensinado que o exclusivismo antropocêntrico poderia ser um preconceito e que, em todo caso, precisaria ser reexaminado." (JONAS, 2006, p. 97). Trata-se aqui de uma crítica ao pensamento da tradição ética ocidental. Érika Campos Barreira e Monike Valent Silva Borges afirmam que:

> A ética tradicional pauta-se na ideia de bem viver, do que é justo. Por sua vez a ética contemporânea aborda questões ligadas à vida, e é isso que Hans Jonas mostra em sua obra, que a ética está pautada não somente nas questões ligadas ao passado e ao presente, mas também ao futuro, em que o homem não é somente o centro do universo, mas também tudo o que o cerca, como natureza. (BARREIRA; BORGES, 2014, p. 106).

A natureza cultiva finalidades ou objetivos, mas também atribui valores (JONAS, 2006). Jonas afirma que a primeira coisa que se pode aprender com o ser é o seu envolvimento com algo. É na finalidade que o ser mostra a sua razão de ser, o sim da vida é um não enfático ao não-ser.

A luta pela vida é a luta pelo ser. O homem é um continuador da obra da natureza, mas converte-se também em seu destruidor graças ao poder que seu conhecimento lhe proporciona. (JONAS, 2006). Pontuam Érika Campos Barreira e Monike Valent Silva Borges:

> Em sua obra, Hans Jonas esclarece que a vida é um valor fundamental para toda a ética, pois a vida seria uma afirmação que o ser humano quer dar para o compromisso que assume diante da natureza, ou seja, o ser humano passa a ser responsável por tudo

o que existe na natureza e essa responsabilidade fulgurará nas gerações futuras. A ética da responsabilidade de Jonas visa a uma resposta concreta para os problemas e perigos que ameaçam a humanidade. (BARREIRA; BORGES, 2014, p. 107).

Não é a lei moral que motiva a ação moral, mas o apelo em si no mundo, que confronta minha vontade e exige obediência- de acordo com a lei moral. Jonas fala de um sentimento de responsabilidade:

> [...] para que algo me atinja e me afete de maneira a influenciar minha vontade é preciso que eu seja capaz de ser influenciado por esse algo. Nosso lado emocional tem de entrar em jogo. E é da própria essência da nossa natureza moral que a nossa intelecção nos transmita um apelo que encontre uma resposta em nosso sentimento. É o sentimento de responsabilidade. (JONAS, 2006, p. 157).

A teoria da responsabilidade lida com aspectos objetivos e subjetivos. Os objetivos se ligam à razão e os subjetivos à emoção. Há, portanto, algo imperativo proposto em um "deve-se" e um elemento psicológico que é influenciador da vontade.

A teoria ética proposta por Jonas contempla duas dimensões, afirmando que a filosofia sempre se preocupou com os aspectos objetivos fincados na validade, entretanto, diz o autor: "Se não fôssemos receptivos ao apelo do dever em termos emotivos, mesmo a demonstração mais rigorosa e racionalmente impecável da sua correção seria impotente para produzir uma força motivadora." (JONAS, 2006, p. 157).

Assim, o aspecto objetivo da moral só se efetiva com o encontro da sensibilidade para sua espécie. "A existência factual do sentimento, presumivelmente um potencial humano universal, é, por isso, o elemento cardinal da moral e, como tal, já implícito no deve-se." (JONAS, 2006, p. 157).

A natureza moral do homem é enaltecida por sua capacidade de ser afetado, tanto do ponto de vista moral como também do imoral: "os homens são seres morais potenciais porque possuem essa capacidade de ser afetados, e só por isso também podem ser imorais."(JONAS, 2006, p. 158). O aspecto emocional da moral reside em seu objeto que é algo perecível.

O conteúdo do imperativo categórico se assenta no princípio da dignidade da pessoa humana, mas Jonas também o critica afirmando que "o valor incondicional dos sujeitos racionais não decorre de nenhum princípio formal, mas do senso de valores do observador que julga a partir de sua visão do que seja um ser livre em um mundo de necessidade. (JONAS, 2006, p. 163). Notável a crítica formulada por Jonas, porque ele concentra o valor dos sujeitos no próprio senso de valores do observador e não tem um princípio de ordem moral.

Diz ainda da importância da junção e do relacionamento do sujeito ao objeto como forma de responsabilidade genuína e natural. Aqui, Jonas abrange a noção da natureza como progenitora, podendo-se refletir acerca da relação de filhos desta instituída mãe. Veja-se:

> Só o sentimento de responsabilidade, que prende este sujeito àquele objeto, pode nos fazer agir em seu favor. Esse sentimento, mais do que qualquer outro, é capaz de produzir em nós a disposição de apoiar a reivindicação de existência do objeto por meio da nossa ação. Lembremo-nos, por último, que o cuidado da natureza por nossa progenitora é de tal forma espontâneo que não necessita do recurso à lei moral, pois é o arquétipo humano elementar da coincidência entre a responsabilidade subjetiva, por meio do qual a natureza nos educou previamente e orientou nossos sentimentos para os tipos de responsabilidade aos quais falta a garantia do instinto. (JONAS, 2006, p. 164).

Jonas chama a atenção para a diferença existente entre o direito penal e o direito civil na questão da responsabilização. O direito civil assenta-se em uma responsabilidade de tipo legal e o direito penal na ideia de culpa e pena. Afirma que " a responsabilidade não fixa fins, mas é a imposição inteiramente formal de todo agir causal entre seres humanos, dos quais se pode exigir uma prestação de contas."(JONAS, 2006, p. 166).

O poder se liga ao objeto, que se torna meu, pois o poder é meu e tem um nexo causal com esse objeto. Em seu direito intrínseco, aquele que é dependente dá ordens, e o poderoso se torna sujeito à obrigação, dado o seu poder causal:

> O poder se torna, assim, objetivamente responsável por aquele que lhe foi confiado e afetivamente engajado graças ao sentimento de responsabilidade: no sentimento, aquele que obriga encontra seu nexo com a vontade subjetiva. Mas a tomada de partido sentimental tem sua primeira origem não na ideia de responsabilidade em geral, mas no reconhecimento do bem intrínseco do objeto, tal como ele influencia a sensibilidade e envergonha o egoísmo cru do poder. Em primeiro lugar está o dever ser do objeto; em segundo, o dever agir do sujeito chamado a cuidar do objeto. A reivindicação do objeto, de um lado, na insegurança da sua existência, e a consciência do poder, de outro, culpada da sua causalidade, unem-se no sentimento de responsabilidade afirmativa do eu ativo, que se encontra sempre intervindo no Ser das coisas. Caso brote aí o amor, a responsabilidade será acrescida pela devoção da pessoa, que aprenderá a temer pela sorte daquele que é digno de existir e de ser amado. [...]. Esta responsabilidade é que determina a necessidade de ter hoje uma ética da responsabilidade futura. (JONAS, 2006, p. 168).

Por circunstâncias ou por convenção, encontram-se sob os cuidados de cada indivíduo bem-estar, o interesse e o destino de outros, ou seja, o controle que tenho sobre eles incluem, igualmente, a minha obrigação para com eles. O exercício do poder sem a observação do dever é, então, irresponsável, ou seja, representa uma quebra da relação de confiança presente na responsabilidade. (JONAS, 2006, p. 168). Acerca da figura do homem público Jonas aponta que:

> O "homem público autêntico estimará [...] precisamente que se possa dizer dele que se fez o melhor que pôde por aqueles sobre os quais detinha poder, ou seja, para aqueles em virtude de quem ele detinha poder, ou seja, para aqueles em virtude de quem ele tinha poder. **Que o "sobre"' se torne "para" constitui a essência da responsabilidade.** (JONAS, 2006, p. 172, destaques nossos).

A liberdade conduz a uma dimensão de dever e responsabilidade. "A mais sublime e desmedida liberdade do eu conduz ao mais exigente e inclemente dos deveres." (JONAS, 2006, p. 173). A responsabilidade do homem público e a dos pais, são as que se situam nos extremos do espectro da responsabilidade, são as que têm mais aspectos em comum entre si e as que, em conjunto, mais nos podem ensinar a respeito da essência da responsabilidade (JONAS, 2006).

O homem não tem nenhuma outra vantagem em relação aos outros seres viventes, exceto a de que só ele também pode assumir responsabilidade de garantir os fins próprios aos demais seres (JONAS, 2006).

Há, entretanto, um arquétipo de responsabilidade do homem pelo homem que inclui uma possível reciprocidade: "De fato, a reciprocidade está sempre presente, na medida em que, vivendo entre seres humanos, sou responsável por alguém e também sou responsabilidade de outros."(JONAS, 2006, p. 175).

Neste paradigma arquetípico, evidencia-se de forma cristalina a ligação da responsabilidade com o ser vivo. Somente o ser vivo, em sua natureza carente e sujeita a riscos- e por isso, em princípio, todos os seres vivos- pode ser objeto da responsabilidade.(JONAS, 2006, p. 175).

A responsabilidade do homem público se equipara à responsabilidade parental podendo-se resumir esta semelhança em três conceitos: totalidade, continuidade e futuro. Segundo Jonas a responsabilidade parental é a "escola fundamental" para qualquer tipo de responsabilidade. A totalidade se corporifica na criança e em todas as suas possibilidades, cujo objetivo maior é a garantia de felicidade. Essa é a mesma razão da existência do Estado que "surge para tornar possível a vida humana e continua a existir para que a vida boa seja possível. Essas são também as preocupações do verdadeiro homem público." (JONAS, 2006, p. 180).

O homem público assume, no tempo da duração de seu mandato ou poder, a responsabilidade pela totalidade da vida da comunidade, por aquilo que se costuma chamar de bem público. "E a dimensão desta responsabilidade se assemelha à da responsabilidade parental: ela se estende da existência física até aos mais elevados interesses, da segurança à plenitude, da boa condução até a felicidade." (JONAS, 2006, p. 180).

É na esfera da educação que se interligam a responsabilidade parental e a estatal: "A esfera da educação mostra de maneira mais evidente como se interpenetram (e se complementam) a responsabilidade parental e a estatal, a mais privada e a mais pública, a mais íntima e a mais universal, na totalidade dos seus respectivos objetivos." (JONAS, 2006, p. 181). A história mostra a transferência da responsabilidade parental para a responsabilidade estatal.

Interessante refletir que o homem público não é o genitor da coletividade, ele é uma de suas criaturas. Assim, há uma primazia das relações parentais frente a todas as outras relações humanas. Mas, nem por isto, suas obrigações devem se desvencilhar dos sentimentos de amor e de solidariedade para com o outro. O homem público é um filho de sua terra e não um pai de seu povo. Nas palavras de Jonas:

> Na relação de pais e filhos há uma primazia diante de todas as outras relações humanas, o homem público não é o genitor da coletividade; há algo mais que uma simples obrigação do homem público que se incorpora como "filho do seu povo e da sua terra", há uma identificação emocional com o coletivo, o sentimento de "solidariedade", que é análogo ao amor pelos indivíduos. (JONAS, 2006, p. 183).

Há, também, intrínseca relação com o sentimento que torna o coração receptível ao dever. É difícil, senão impossível, assumir a responsabilidade por algo que não se ame, de modo que é mais fácil engendrar o amor para tal do que cumprir o seu dever livre de toda a inclinação."(JONAS, 2006, p. 183).

O homem público carrega uma responsabilidade com o passado, o presente e o futuro. Não se compromete com o que fez, mas se compromete com os que o fizeram, o compromisso é com o ser:

> Ele não está comprometido com o que fez, mas com os que o fizeram- com os antepassados, que permitiram que a comunidade chegasse ao tempo presente, com os seus contemporâneos, que herdaram essa comunidade e que são seus mandatários imediatos, e com a continuação dessa herança em um futuro indeterminado. (JONAS, 2006, p. 184).

As assistências parentais e governamentais, diz Hans Jonas, não podem se ausentar, pois a vida do seu objeto segue em frente, renovando as demandas ininterruptamente. Em relação ao elemento continuidade, este se encontra presente na historicidade e se assenta nas perguntas: o que houve antes, agora e o que virá? "Nesse aspecto, a responsabilidade política tem uma dimensão muito mais vasta em relação ao futuro e ao passado, pois corresponde à longa história da comunidade." (JONAS, 2006, p. 185).

Há, assim, uma identidade a ser garantida, que integra a responsabilidade coletiva, "mesmo a responsabilidade educativa não deixa de ser política, no mais privado dos âmbitos." (JONAS, 2006, p. 186). Importante salientar que:

> O caráter vindouro daquilo que deve ser objeto de cuidado constitui o aspecto de futuro mais próprio da responsabilidade. Sua realização suprema, que ela deve ousar, é a sua renúncia diante do direito daquele que ainda não existe e cujo futuro ele trata de garantir. (JONAS, 2006, p. 187).

A educação assume importante papel no que toca a conquista da autonomia do ser. A educação dos pais tem um termo temporal que se finda no ser adulto, porém, a do homem público não pode se findar, devendo ser cristalina e perene. A educação carrega o dever de transformação do objeto em sujeito e sujeito de responsabilidades, nas palavras de Hans Jonas:

> A educação, tem, portanto, um fim determinado como conteúdo: a autonomia do indivíduo, que abrange essencialmente a capacidade de responsabilizar-se, ao alcançá-la (ou supor-se que foi alcançada) ela termina no tempo. O término ocorre de acordo com sua própria lei, e não de acordo com a concordância do educador- nem sequer na medida de seu êxito- pois a natureza concede apenas uma só vez um determinado lapso de tempo, no qual a educação precisa realizar sua tarefa. Depois disso, o objeto de responsabilidades anteriores se torna, ele mesmo, um sujeito de responsabilidades. (JONAS, 2006, p. 189).

A educação deve preencher o vazio ainda existente e ocupar o lugar ainda não habitado pelo desenvolvimento técnico, o coração do homem. Nesta perspectiva, "o ser humano não era menos "inacabado" do que ele o é atualmente." (JONAS, 2006, p. 191).

Jonas menciona a responsabilidade política afirmando que esta requer a capacidade de previsão e controle causal como premissas essenciais. A arte de governar no passado não contemplava o futuro longínquo sob o qual o governante deveria assumir responsabilidade (JONAS, 2006). As previsões favorecem o planejamento do Estado e aumentam a responsabilidade dos homens públicos: "Hoje uma massa muito maior do conhecimento teórico, abarcando um horizonte muito mais vasto, esteja entrelaçada à direção dos destinos sociais (como a responsabilidade correspondente), fato com o qual nenhum homem público do passado poderia sonhar." (JONAS, 2006, p. 195).

Há sempre presente um elemento de liberdade que no campo político se personifica na figura do homem público, que deve mover-se por uma convicção pessoal que o ilumina, e é esse reconhecimento que lhe atribui mais justiça, nas palavras de Jonas:

> Abstraída de toda a interpretação do passado, a teoria fixa um fim e demonstra sua possibilidade próxima, a sua necessidade histórica e o seu caráter desejável em si, ou seja, o fascínio pelo objetivo propriamente dito, como opção pessoal, fosse em regra o primeiro motivo para a aceitação da teoria a ser legitimada? A mera invocação da necessidade histórica não seria capaz de fazer com que ninguém movesse um dedo. E nenhum tribunal moral aceitaria a defesa do ator político que fosse apenas o executor da necessidade política e agisse não por ele mesmo, mas por meio da "história". Ao contrário, o ator deve assumir responsabilidade não só por seus atos, mas pela convicção

que o ilumina. Esse reconhecimento lhe faz mais justiça do que ele faz a si mesmo, protegendo-o contra sua própria desconsideração. (JONAS, 2006, p. 198).

Para Jonas, o homem público é constituído pela paixão temperada pelo julgamento. O julgamento, novamente é liberdade que emancipa-se da receita da teoria. Mesmo no diálogo temporal e na afirmativa das previsões, há que se destacar que "o inesperado, o imprevisível, são indissociáveis dos assuntos humanos (JONAS, 2006, p. 200).

A responsabilidade do homem público não cessa, como cessa a responsabilidade dos pais, daí a importância da concessão de sua liberdade. Hans Jonas exorta para o inadiável papel do homem público:

> Nada a fazer que possa impedir o aparecimento de seus semelhantes, ou seja, não obstruir a fonte indispensável, mesmo imprevisível, da espontaneidade na coletividade, de onde poderão ser recrutados os futuros homens públicos- ou seja, evitar que tanto em termos dos seus objetivos, quanto ao longo dos caminhos trilhados, dê-se uma situação em que os candidatos possíveis à repetição do seu papel se tenham tornado lacaios ou robôs. Uma das responsabilidades do homem público é garantir que a arte de governar continue possível no futuro.(JONAS, 2006, p. 201).

O princípio é o de que toda responsabilidade integral, com seu conjunto de tarefas particulares, é responsável não apenas por cumprir-se, mas por garantir a possibilidade do agir responsável no futuro.

Dessa forma, este agir no futuro demanda uma responsabilidade política que trata daquilo que é mais imediato, pois a urgência do momento requer resposta, como é o caso da oportunidade que deve ser aproveitada. (JONAS, 2006).

A busca de Hans Jonas é a busca de uma ética adequada ao excesso do poder sobre o saber. Sabemos mais e sabemos menos em relação aos nossos antepassados, justamente pela organização do tempo:

> Sabemos mais, de um lado, e sabemos menos, de outro, no que se refere ao futuro, se nos comparamos aos nossos antepassados pré-modernos: mais porque nosso conhecimento analítico-causal, com seu emprego metódico sobre o dado, é muito maior; menos, porque lidamos com um estado constitutivo de mudança, enquanto os antigos lidavam com um estado estático (ou que pelo menos assim o parecia). (JONAS, 2006, p. 202).

O dinamismo é a marca da modernidade; ele não é um acidente, mas a propriedade imanente desta época e, até nova ordem, o nosso destino. Necessita-se, então, contar com o novo. Jonas pontua que as invenções e descobertas não podem ser antecipadas:

> Invenções e descobertas futuras não podem ser antecipadas, por exemplo, e incluídas em cálculos futuros. O único certo é que elas acontecerão e algumas delas terão um significado prático enorme e mesmo revolucionário. Mas não se pode calcular nada a partir dessa certeza. Esse x desconhecido de permanentes novidades é o fantasma que assombra todas as equações. (JONAS, 2006, p. 203).

A prevenção é, em geral, a *prima causa*, pois a predição como advertência é certamente um motivo mais forte para políticas governamentais, uma exigência mais coercitiva para a responsabilidade, do que a sedução de uma promessa. Considerando a grandeza dos objetivos da natureza e proteção do meio ambiente, Jonas pontua a necessidade de certas providências:

Para que as necessidades alimentares sejam supridas, evitando-se ao mesmo tempo a destruição do meio ambiente. O que estiver além disso, e que ainda pode ser influenciado, demanda uma política que desvie, a tempo, a trajetória da curva em direção à catástrofe. A profecia do mal é feita para evitar que ele se realize; e seria o máximo da injustiça zombar de eventuais alarmistas, pois o pior não aconteceu: ter se enganado deveria ser considerado como um mérito. (JONAS, 2006, p. 204).

Acerca da expectativa do progresso técnico-científico tem-se a necessidade de se considerar as rupturas e escolhas políticas em uma grande aposta que se transformou o empreendimento humano como um todo. O prognóstico positivo torna-se uma forma de irresponsabilidade, mas a esperança ainda merece ocupar um lugar:

> A crença de que serão descobertas novas fontes de energia ou novas reservas das fontes já conhecidas, de que, enfim, nunca cessarão as surpresas positivas do progresso e alguma dessas surpresas sempre acabará por nos salvar do aperto a tempo. Essa é uma hipótese que não pode ser excluída, considerando-se a experiência do último século, embora seja irresponsável considerá-la como certa. (JONAS, 2006, p. 205-206).

Na mesma esteira Beatriz Souza Costa, Émilien Vilas Boas Reis e Márcio Luís de Oliveira:

> É real que, em determinada época de evolução humana, alguns recursos naturais se esgotem, mas a esperança é que surjam outras fontes que os substituam de alguma forma, ou que a pesquisa e a tecnologia tenham a capacidade de minorar a escassez, se isso for possível. (COSTA; REIS; OLIVEIRA, 2016, p. 145).

Há que se destacar que nunca houve uma receita na arte de governar, mas, o marco temporal da responsabilidade, bem como o do planejamento informado, ampliou-se de maneira considerável. Sendo certo, porém, "que as urgências do momento terão prioridade, salvo nos regimes mais inclementes, capazes de sacrificar grande parte da população aos objetivos finais." (JONAS, 2006, p. 207).

O momento presente tem para Jonas grande relevância nos assuntos de ordem pública, segundo o autor, o que é bom agora para o homem, também o será no futuro, "a melhor preparação para o futuro se encontra no bem da situação atual."(JONAS, 2006, p. 210). O modo de governar no passado não contemplava a responsabilidade para com as gerações futuras.

A responsabilidade se liga às relações de poder, tornando-se, um "correlato do poder, de maneira que a dimensão e a modalidade de poder determinam a dimensão e a modalidade da responsabilidade." (JONAS, 2006, p. 215).

Jonas aponta a necessidade de uma passagem do querer para o dever e o seu intermédio é o poder aliado ao saber e à liberdade. O poder está distribuído por todo o reino vivo, Jonas aponta para a reflexão: "grande é o poder de tigres e elefantes, maior o de cupins e gafanhotos, maior ainda o das bactérias e vírus." (JONAS, 2006, p. 216). Mas adverte que o homem é o único dotado do poder de escolha:

> Só com o homem o poder se emancipou da totalidade por meio do saber e do arbítrio, podendo se tornar fatal para ela e para si mesmo. [...]. Portanto, no caso do homem, e apenas nesse caso, o dever surge da vontade como autocontrole do seu poder, exercido conscientemente: em primeiro lugar em relação ao seu próprio Ser. (JONAS, 2006, p. 217).

Sob este viés de responsabilidade que o homem assume, prioritariamente, consigo mesmo, tem-se um imperativo que impõe a não destruição daquilo que ele o é devido à natureza. "Ele se torna o fiel depositário de todos os outros fins em si mesmos, que se encontram sob a lei do seu poder [...]" O poder, assim, desloca a responsabilidade para o centro da moral. (JONAS, 2006, p. 217).

O conceito de responsabilidade implica um "dever"- em primeiro lugar, um dever ser de algo, e, em seguida, um "dever fazer" de alguém como resposta àquele dever ser. Jonas defende a tese de que:

> A simples existência de um ser ôntico contém intrinsecamente, e de forma evidente, um dever para outros, assim o fazendo mesmo que a natureza não venha em socorro desse dever por meio dos seus instintos e sentimentos poderosos, coisa da qual, na maioria das vezes, ela se encarrega sozinha. (JONAS, 2006, p. 220).

Jonas (2006) não pergunta acerca da existência do mundo, mas ao contrário, pergunta sobre a forma pela qual o mundo deve ser, cabendo aqui o lugar da responsabilidade. No que toca ao homem público, Jonas chama a atenção para as urgências das decisões cujo caráter prático relaciona-se com o Ser ou o não-Ser da sociedade.

A criança é o recomeço da humanidade e sua renovação, "com cada criança que nasce recomeça a humanidade em face da mortalidade, e nesse sentido também está em jogo a sobrevivência da humanidade. Assim, o lugar da responsabilidade "é o ser mergulhado no devir, abandonado à transitoriedade e ameaçado de destruição." (JONAS, 2006, p. 225).

A questão do desenvolvimento da técnica em face às mazelas que assolam o humano integra o dilema ético do agir em busca das soluções. A resposta talvez se assente nos territórios da afetividade que ensina que com a segurança do amor e o respaldo do limite, se formem cidadãos críticos e pós-construtores de um ambiente melhor.

Pode-se concluir que a tecnologia moderna se converte em ameaça e a natureza é posta em questão quanto a sua própria preservação. A reflexão a respeito das futuras gerações passa pela maneira como a humanidade existente lida com a natureza. A clássica ética antropocêntrica não é mais capaz de lidar com as novas questões propostas pelos tempos atuais. Jonas propõe imperativos, que salvaguardam um futuro da vida humana na terra e das condições de possibilidade para tal, o que inclui a preservação de um meio ambiente propício. A preocupação com o futuro se consubstancia na probabilidade de se pensar sobre o fim da humanidade. Em tom conclusivo, apontam Émilien Vilas Boas Reis, Beatriz Costa e Márcio Luís de Oliveira:

> Hans Jonas possibilita à reflexão a respeito das gerações futuras, no momento em que a humanidade tem a possibilidade de impossibilitar a existência da natureza e da própria humanidade. Nesse sentido, seu pensamento é importante para o pensamento socioambiental, que faz uma interface entre a sociedade e o ambiente. O pensamento de Jonas não se restringe apenas a uma hipotética destruição definitiva do planeta, mas possibilita a reflexão para qualquer estrago no ambiente que prejudique os habitantes de uma sociedade local e os seus descendentes. (REIS; COSTA; OLIVEIRA, 2016, p. 28).

Dessa forma, a teoria de Jonas se preocupa com os menos favorecidos e encampa uma preocupação com a vida presente e com as possibilidades de se resguardar a vida das futuras gerações. A responsabilidade cabe a todos, partindo do particular e atingindo o âmbito mais público e tem por escopo definir os valores e fins a serem perseguidos em prol de um ambiente sadio e equilibrado. O advento da tecnologia deve contribuir para a qualidade de vida e para a sustentabilidade do desenvolvimento. A ética, por seu turno, tem o papel de preencher o vazio e nortear as ações do agir para que se efetive condições de vida digna e saudável para todos.

4. Responsabilidade civil ambiental

O presente capítulo tem por objetivo investigar acerca dos principais pontos da responsabilidade civil ambiental. Tal instrumento jurídico apresenta certas peculiaridades na seara ambiental e sua eficácia depende da lisura de sua aplicação. Dessa forma, buscou-se esclarecer nuances deste instrumento jurídico, sobretudo, nas questões mais polêmicas.

Particularmente, a dificuldade de aplicá-lo está na mensuração do dano e em sua dimensão, o que pode acarretar uma responsabilização, não por quem deu causa ao dano, mas àquele que apresenta maiores condições de arcar com os ônus da responsabilização, uma, porque o dano é transfronteiriço, e outra, porque pode ser causado pela pluralidade de sujeitos.

Outras questões foram trazidas ao debate em julgados proferidos pelo Superior Tribunal de Justiça em casos controversos, o que preponderou foi a prevalência da preservação do ambiente em detrimento da busca desenfreada pelo lucro.

O papel do Estado e dos governantes é marcado pela grande relevância na construção da consciência responsável e da aplicação do próprio princípio do ponto de vista das políticas públicas e da juridicidade do instituto.

Os princípios serão abordados, porque constituem a normatividade que integra o direito ambiental e especificamente por representarem a instrumentalização da responsabilidade civil ambiental. Devem, portanto, ser trazidos à baila para todo debate decisório acerca de danos e sua responsabilização.

Espera-se realizar um apanhado das principais questões que contornam a responsabilidade civil ambiental, chegando à problemática da teoria objetiva somada à ausência de lei acerca de qual deve ser aplicada, a do risco criado, risco integral, ou responsabilidade agravada. Tem-se que esta aplicação fica a cargo dos entendimentos jurisprudenciais.

4.1. Responsabilidade com Dolo e Culpa

A responsabilidade civil baseada na culpa leva em consideração a consciência e a vontade do autor de praticar o ato danoso, nos dizeres do art.186 do Código Civil de 2002, "aquele que, por ação ou omissão voluntária, negligência ou imprudência, violar direito e causar dano a outrem, ainda que exclusivamente moral, comete ato ilícito" ficando na obrigação de repará-lo. Explica César de Castro Fiúza:

> Existem duas teorias que procuram explicar a razão de ser da responsabilidade civil. A primeira é a teoria subjetiva, aplicada como regra, pelos arts. 186/927 do Código Civil. Subjetiva, porque parte do elemento subjetivo, culpabilidade, para fundamentar o dever de reparar. Assim só será responsável pela reparação do dano aquele cuja conduta se provasse culpável. Não havendo culpa ou dolo, não há falar em indenização. Na ação reparatória, devem restar provados pela vítima a autoria, a culpabilidade, o dano e no nexo causal. A segunda teoria tem como fundamento, não o elemento subjetivo, culpabilidade, mas o elemento objetivo, dano. Daí se denominar teoria objetiva [...]. Explica-se esta teoria pelo alto risco de determinadas atividades e pela impossibilidade prática de se provar a culpabilidade, o dano e o nexo causal. (FIÚZA, 2010, p. 747).

Dessa forma, a conduta do agente que praticou o ato será reprovada ou censurada no caso concreto, averiguando se praticou ação com vontade de causar dano, ou se causou o dano por negligência, imperícia ou imprudência. Assim, o ato ilícito se qualifica pela culpa, se esta não for configurada, em regra, não há o dever de reparar. (MILARÉ, 2011).

Mas, o Código Civil Brasileiro concebeu não apenas a responsabilidade civil subjetiva baseada na culpa, mas também a responsabilidade civil objetiva, nos casos especificados na lei, ou quando a atividade desempenhada pelo autor implicar risco para o direito de outrem, assim é reconhecida a responsabilidade sem culpa. Paulo Affonso Leme Machado empreende um sentido para a responsabilidade objetiva:

> Significa que quem danificar o ambiente tem o dever jurídico de repará-lo. Presente, pois, o binômio dano/reparação. Não se pergunta a razão da degradação para que haja o dever de indenizar e/ou reparar. A responsabilidade sem culpa tem incidência na indenização ou na reparação dos danos causados ao meio ambiente e aos terceiros afetados por sua atividade (art. 14, parágrafo 1º da lei 6.938/81). Não interessa que, tipo de obra ou atividade seja, exercida pelo que degrada, pois não há necessidade de que ela apresente risco ou seja perigosa. Procura-se quem foi atingido e, se for o meio ambiente e o homem, inicia-se o processo lógico-jurídico da imputação civil objetiva ambiental. Só depois é que se entrará na fase do estabelecimento do nexo de causalidade entre a ação ou omissão e o dano. É contra o direito enriquecer-se ou ter lucro à custa da degradação do meio ambiente. (MACHADO, 2010, p. 361).

Para tornar efetiva a responsabilização, basta a prova da ocorrência do dano e o nexo causal com a atividade desenvolvida. Não se procura indagar como e porque ocorreu o dano, procura-se identificar um responsável pela indenização e não a individualização do culpado. O nexo causal é a relação de causa e efeito entre a atividade e o dano dela advindo. Analisa-se a atividade, indagando-se se o dano foi causado em razão dela, para se concluir que o risco que lhe é inerente é suficiente para estabelecer o dever de reparar o prejuízo (MILARÉ, 2007). No âmbito constitucional a previsão da responsabilidade civil ambiental encontra-se no artigo 225, parágrafo terceiro, *in verbis*:

> Art. 225. Todos têm direito ao meio ambiente ecologicamente equilibrado, bem de uso comum do povo e essencial à sadia qualidade de vida, impondo-se ao Poder Público e à coletividade o dever de defendê-lo e preservá-lo para as presentes e futuras gerações. § 3º As condutas e atividades consideradas lesivas ao meio ambiente sujeitarão os infratores, pessoas físicas ou jurídicas, a sanções penais e administrativas, independentemente da obrigação de reparar os danos causados. (BRASIL, 1988).

Salienta-se que a Constituição de 1988 inaugura um avanço na tutela do meio ambiente por inseri-la no rol dos direitos fundamentais e dedicar ampla e irrestrita proteção à esta seara. Kiwonghi Bizawu e Camila Martins de Oliveira lecionam que:

> Não há como negar a evolução histórica da concepção de direitos fundamentais, com o surgimento de novas necessidades e a imposição de limites a alguns direitos considerados absolutos no passado.[...]. Nessa vertente é que se constrói a necessidade de constitucionalização da proteção ambiental, a fim de que o direito ambiental tenha força- como ramo jurídico- para desempenhar seu papel, evitando a ruína da civilização moderna e, até mesmo de futuras civilizações. (BIZAWU; OLIVEIRA, 2013, p. 179).

Somente com a Constituição de 1988 que a opção valorativa pró ambiente se consolidou como uma das opções valorativas da ordem jurídica brasileira. Isso se deu de forma ampla, podendo-se encontrar remissões de caráter ambiental em diversas partes do texto constitucional.

4.2. Princípios Aplicáveis à Responsabilidade Civil Ambiental

Os princípios conformam as demais normas do sistema jurídico e existem para salvaguardar a devida aplicação normativa, resguardando-se vidas. Apresentam caráter cogente, porém, não se situam no plano do tudo ou nada, em alguns casos há que se aplicar um princípio sem que o outro deixe de existir e de ser válido. Os princípios constituem fonte do Direito e têm a função de balizar todas as decisões que estes subsidiam. Podem ser conceituados como "preceito, regra, causa primária, proposição, começo e origem." (GUIMARÃES, 2011, p. 486). "A principiologia ambiental ilumina o horizonte de sentido das regras de direito ambiental e aponta o rumo que o intérprete poderá trilhar." (FARIAS; BRAGA NETTO; ROSENVALD, 2015, p. 871).

No campo do Direito Ambiental apresentam grande relevância para o norteamento de questões jurídicas propostas. Neste sentido, alguns princípios podem ser citados, porque estão concatenados à ideia de preservação e cuidado intergeracional.

Passaremos a discorrer sobre os principais princípios ambientais que se relacionam à problemática da responsabilidade civil ambiental. Quando há ocorrência de danos, há flagrantemente ofensa ao arcabouço principiológico que fundamenta todo o direito ambiental.

4.2.1. Princípio do Desenvolvimento Sustentável

O princípio de maior relevo para o Direito Ambiental é o **princípio do desenvolvimento sustentável**, este princípio foi **criado** em 1987 pela Organização das Nações Unidas (ONU) em uma comissão presidida pela primeira ministra da Noruega, Gro Harlem Brundtland. (COSTA; REIS; OLIVEIRA, 2016, p. 144. O corolário deste princípio determina "o atendimento às necessidades do presente, sem comprometer a capacidade das futuras gerações em atenderem às próprias necessidades".

A Eco 92 preconiza em seu princípio número três: "o direito ao desenvolvimento deve ser exercido de modo a permitir que sejam atendidas equitativamente as necessidades de desenvolvimento e de meio ambiente das gerações presentes e futuras."(COSTA; REIS; OLIVEIRA, 2016, p. 145). O princípio do desenvolvimento sustentável está de certa forma implícito nos demais.

Ademais, insta dizer sobre o princípio do desenvolvimento sustentável insculpido no artigo 170[2], inciso VI da Constituição Federal cujo escopo é "compatibilizar a necessidade de desenvolvimento econômico com a conservação da qualidade ambiental para as gerações futuras." (STEIGLEDER, 2011, p. 163).

4.2.2. Princípio da Equidade Intergeracional

O Princípio da equidade intergeracional dispõe que as presentes gerações não podem deixar para as futuras uma herança de *déficts* ambientais, ou do estoque de recursos e benefícios inferiores aos que receberam das gerações passadas.

Já o princípio da precaução encontra-se expresso na Declaração do Rio de 1992 e estabelece que:

> Princípio 15: De modo a proteger o meio ambiente o princípio da precaução deve ser amplamente obser-

---

[2] Art. 170. A ordem econômica, fundada na valorização do trabalho humano e na livre iniciativa, tem por fim assegurar a todos existência digna, conforme os ditames da justiça social, observados os seguintes princípios: VI - defesa do meio ambiente, inclusive mediante tratamento diferenciado conforme o impacto ambiental dos produtos e serviços e de seus processos de elaboração e prestação. (BRASIL, 1988).

vado pelos Estados, de acordo com suas capacidades. Quando houver ameaça de danos sérios ou irreversíveis, a ausência de absoluta certeza científica não deve ser utilizada como razão para postergar medidas eficazes e economicamente viáveis para prevenir a degradação ambiental. (CARVALHO, 2002, p. 139).

Os doutrinadores apontam que o princípio da precaução está implícito no inciso IV do artigo 225 da Constituição Federal de 1988 (CF/88)[3] "exigir na forma da lei, para instalação de obra ou atividade potencialmente causadora de significativa degradação do meio ambiente, estudo prévio de impacto ambiental, a que se dará publicidade. Isso significa que nesse inciso estão previstos o princípio da prevenção e da precaução." (COSTA; REIS; OLIVEIRA, 2016, p. 146).

4.2.3. Princípio da Prevenção e da Precaução

O princípio da prevenção está estabelecido no artigo 225, parágrafo primeiro, da Constituição. "O risco é previsto e prevenido com as devidas providências que devem ser tomadas, seja no licenciamento ambiental ou outra forma de antecipar-se ao evento danoso, sabendo-se de suas consequências." (COSTA; REIS; OLIVEIRA, 2016, p. 147).

Os princípios da precaução e da prevenção estão inseridos na Declaração do Rio de Janeiro de 1992, no artigo 9º, incisos III, IV, V da Lei nº 6.938/81 e no artigo 225, parágrafo primeiro, da Constituição Federal de 1988. O princípio da precaução se refere

---

[3] Art. 225. Todos têm direito ao meio ambiente ecologicamente equilibrado, bem de uso comum do povo e essencial à sadia qualidade de vida, impondo-se ao Poder Público e à coletividade o dever de defendê-lo e preservá-lo para as presentes e futuras gerações. IV - exigir, na forma da lei, para instalação de obra ou atividade potencialmente causadora de significativa degradação do meio ambiente, estudo prévio de impacto ambiental, a que se dará publicidade. (BRASIL, 1988).

aos danos e aos perigos desconhecidos, recomendando estudos científicos que busquem a dimensão destes perigos com o objetivo de informar as decisões a serem tomadas no planejamento ambiental. Sobre a origem do princípio da precaução:

> A primeira previsão, com explicitude, do princípio da precaução ocorreu em 1987, na Segunda Conferência Internacional do Mar do Norte, nos seguintes termos: "emissões de poluição potencialmente poluentes deveriam ser reduzidas, mesmo quando não haja prova científica evidente do nexo causal entre as emissões e os efeitos". Hoje, o princípio é vastamente aceito, sendo aplicável, por certo, também ao Estado (STJ, AgRg na SLS 1564). (FARIAS; BRAGA NETTO; ROSENVALD, 2015, p. 876).

Acerca da diferenciação dos princípios da prevenção e da precaução, explicam os doutrinadores:

> Enquanto o princípio da prevenção lida com riscos conhecidos, com perigos concretos, o princípio da precaução opera diante de perigos desconhecidos, embora prováveis. A precaução se volta, portanto, contra o perigo abstrato. O princípio da prevenção instrumentaliza-se (sobretudo) através de medidas acautelatórias que objetivam impedir a degradação ambiental. O melhor exemplo de prevenção talvez seja o estudo de impacto ambiental, previsto no artigo 225, parágrafo 1º, IV, da Constituição Federal. (FARIAS; BRAGA NETTO; ROSENVALD, 2015, p. 875).

O princípio da precaução, nesse sentido, confere cores próprias ao direito ambiental, relativamente a outros campos, uma vez que abandona o critério da certeza, e assume- como forma de proteger o meio ambiente-que o pior pode acontecer, cabendo ao suposto ofensor provar a inofensividade do empreendimento (FARIAS; BRAGA NETTO; ROSENVALD, 2015).

    O principal instrumento preventivo é o Estudo Prévio de Impacto Ambiental (EIA) previsto no artigo 9º, III, da Lei nº 6.938/81, no artigo 225, parágrafo primeiro, inciso IV, da Constituição Federal e na Resolução nº01/86 do Conselho Nacional do Meio Ambiente (CONAMA). Através do EIA são levantadas todas as atividades potencialmente danosas além de se viabilizar informações para o licenciamento ambiental que imporá medidas preventivas, compensatórias e mitigadoras dos danos. Por seu turno, o princípio da prevenção supõe o conhecimento dos riscos, sejam os identificados no EIA, ou os já ocorridos anteriormente. Veja-se:

> A partir do Estudo de Impacto Ambiental estabelecem-se as medidas mitigadoras e compensatórias dos impactos ambientais. Ou seja, a lesão, no seu sentido biológico, é inafastável. Mas não será reputada "dano jurídico", pois considerada necessária ao desenvolvimento econômico, a partir da tomada de certas decisões, o que não impede a imposição, ao empreendedor, de medidas compensatórias, tais como o plantio de espécies vegetais em outras áreas, a constituição de unidades de conservação etc. Assim, por exemplo, para compensar um dano imposto pela construção de uma hidroelétrica, poderá ser imposta a obrigação de apoiar a implantação e manutenção de unidade de conservação do grupo de proteção integral, de acordo com o previsto no art.36, da lei federal nº9.985/00. (STEIGLEDER, 2011, p. 166).

    A dinâmica da reparação ambiental caminha em dois sentidos, um caminho é o da insegurança e incerteza incentivando a atuação ambiental antes que se verifique a situação danosa muitas vezes irreversível e o outro é o caminho do futuro, e sua preocupação com seus usos futuros vislumbrando-se nova destinação para os bens ambientais.

Steigleder (2011) pontua que os princípios da prevenção e da precaução estão relacionados à preservação dos bens ambientais, o princípio do desenvolvimento sustentável versa sobre os usos que podem ser feitos dos recursos naturais.

O princípio da precaução é utilizado como fundamento para a inversão do ônus da prova, sendo imputado ao empreendedor a posição e a incumbência da incolumidade ambiental, nada mais é do que a necessidade de se demonstrar a segurança do seu empreendimento. O empregador deve "custear todas as perícias e análises necessárias para fundamentar o Estudo de Impacto Ambiental, o que decorre de expressa imposição do artigo 8º da Resolução nº01/86, e do artigo 11 da Resolução nº 237/97, ambas do Conselho Nacional do Meio Ambiente-CONAMA." (STEIGLEDER, 2011, p. 167). Assim sinaliza a jurisprudência do Superior Tribunal de Justiça:

> AGRAVO REGIMENTAL EM AGRAVO EM RECURSO ESPECIAL. PROCESSUAL CIVIL.DIREITO CIVIL E DIREITO AMBIENTAL. CONSTRUÇÃO DE USINA HIDRELÉTRICA. REDUÇÃO DA PRODUÇÃO PESQUEIRA. SÚMULA Nº 7/STJ. NÃO CABIMENTO. DISSÍDIO NOTÓRIO. RESPONSABILIDADE OBJETIVA. DANO INCONTESTE. NEXOCAUSAL. PRINCÍPIO DA PRECAUÇÃO. INVERSÃO DO ÔNUS DA PROVA.CABIMENTO. PRECEDENTES. 1. Não há falar, na espécie, no óbice contido na Súmula nº 7/STJ,haja vista que os fatos já restaram delimitados nas instâncias ordinárias, devendo ser revista nesta instância somente a interpretação dada ao direito para a resolução da controvérsia. Precedentes. 2. Tratando-se de dissídio notório, admite-se, excepcionalmente, a mitigação dos requisitos exigidos para a interposição do recurso pela alínea c "quando os elementos contidos no recurso são suficientes para se concluir que os julgados confrontados conferiram tratamento jurídico distinto à similar situação fática"

(AgRg nosEAg 1.328.641/RJ, Rel. Min. Castro Meira, DJe 14/10/11). 3. A Lei nº 6.938/81 adotou a sistemática da responsabilidade objetiva, que foi integralmente recepcionada pela ordem jurídica atual, de sorte que é irrelevante, na espécie, a discussão da conduta do agente (culpa ou dolo) para atribuição do dever de reparação do dano causado, que, no caso, é inconteste. 4. O princípio da precaução, aplicável à hipótese, pressupõe a inversão do ônus probatório, transferindo para a concessionária o encargo de provar que sua conduta não ensejou riscos para o meio ambiente e, por consequência, aos pescadores da região. 5. Agravo regimental provido para, conhecendo do agravo, dar provimento ao recurso especial a fim de determinar o retorno dos autos à origem para que, promovendo-se a inversão do ônus da prova, proceda-se a novo julgamento. (BRASIL. STJ. AgRg no AREsp: 206.748 SP. Relator: Ministro Ricardo Villas Bôas Cueva, 2013).

ADMINISTRATIVO E PROCESSUAL CIVIL. AÇÃO CIVIL PÚBLICA. DANOS AMBIENTAIS. ADIANTAMENTO DE DESPESAS PERICIAIS. ART. 18 DA LEI 7.347/1985. ENCARGO DEVIDO À FAZENDA PÚBLICA. DISPOSITIVOS DO CPC. DESCABIMENTO. PRINCÍPIO DA ESPECIALIDADE. INVERSÃO DO ÔNUS DA PROVA. PRINCÍPIO DA PRECAUÇÃO. 1. Segundo jurisprudência firmada pela Primeira Seção, descabe o adiantamento dos honorários periciais pelo autor da ação civil pública, conforme disciplina o art. 18 da Lei 7.347/1985, sendo que o encargo financeiro para a realização da prova pericial deve recair sobre a Fazenda Pública a que o Ministério Público estiver vinculado, por meio da aplicação analógica da Súmula 232/STJ. 2. Diante da disposição específica na Lei das Ações Civis Públicas (art. 18 da Lei 7.347/1985), afasta-se aparente conflito de normas com os dispositivos do Código de Processo Civil sobre o tema, por aplicação do princípio da especialidade. 3. Em ação ambiental, impõe-se a inversão do ônus da prova, cabendo ao empreendedor, no caso concreto o próprio Estado, responder pelo potencial perigo que causa ao meio ambiente, em respeito ao princípio da precaução. Precedentes. 4. Recurso especial não provido. (BRASIL. STJ. REsp: 1237893 SP 2011/0026590-4. Relatora: Ministra Eliana Calmon, 2013).

Os princípios da prevenção e precaução têm lugar diante dos danos futuros e potenciais e seu objetivo é prevenir sua ocorrência ou diminuir suas consequências. Diante da complexidade dos danos ambientais, a estrutura operativa do princípio não é meramente repressiva, mas, substancialmente, preventiva.

A preocupação com as gerações futuras permite uma atualização da responsabilidade civil ambiental de modo que se imponha àqueles que exercem atividades potencialmente poluidoras a internalização dos custos com vistas à prevenção e controle dos riscos gerados.

A teleologia e a hermenêutica do Direito Ambiental caminham para que o dano não aconteça, ainda assim, ocorrido o dano, deve-se tentar a restauração do próprio bem ambiental degradado. Não sendo possível, parte-se para a compensação ecológica ou para a indenização, com prioridade para aquela. Mesmo a indenização, no direito ambiental, não escapa da ideia de restaurar o bem degradado. (FARIAS; BRAGA NETTO; ROSENVALD, 2015).

No direito ambiental, não há que se falar em direito adquirido à degradação e nem na aplicação da teoria do fato consumado, como bem explicitam os doutrinadores:

> A tutela do bem difuso ambiental se dá de forma preferencialmente preventiva. Não se admite a teoria do fato consumado ao direito ambiental, nem seria possível, obviamente, que se cogitasse de direito adquirido à degradação (O STJ já determinou a demolição de hotel que ocupou irregularmente terreno de ma-

rinha; além disso, o fato de determinado imóvel estar situado em região ecologicamente degradada não exime o proprietário dos deveres com a preservação e conservação futuras). (FARIAS; BRAGA NETTO; ROSENVALD, 2015, p. 875).

Dessa forma, os princípios da prevenção e da precaução invertem à antiga lógica preventiva tradicional da responsabilidade civil, dando lugar a uma lógica que se pauta na gestão dos riscos e se preocupa com as presentes e futuras gerações.

4.2.4. Princípio da Responsabilidade Ecológica

O princípio da responsabilidade ecológica se perfaz na junção do princípio do poluidor-pagador e do usuário-pagador, pode ser resumido assim: quem causa dano ao ambiente deve por ele responder. Ou "quem utiliza os recursos naturais deve pagar pelo simples uso." (FARIAS; REIS; OLIVEIRA, 2016, p. 147). Neste bojo, insta destacar o princípio 13 da Declaração do Rio de Janeiro/92:

> Os estados deverão desenvolver legislação nacional relativa à responsabilidade e à indenização das vítimas da poluição e outros danos ambientais. Os Estados deverão cooperar, da mesma forma, de maneira rápida e mais decidida, na elaboração das novas normas internacionais sobre responsabilidade e indenização por efeitos adversos advindos dos danos ambientais causados por atividades realizadas dentro de sua jurisdição ou sob seu controle, em zonas situadas fora de sua jurisdição. (MACHADO, 2005, p. 83).

4.2.5. Princípio da Solidariedade

O princípio da solidariedade com o futuro, por sua vez, contempla duas dimensões, a saber, uma dimensão que diz sobre solidariedade social e outra que diz sobre o valor ético da alteridade, ambos se voltam para a proteção para as futuras gerações. Assim, a responsabilidade civil é ampliada em suas funções uma vez que "deve responder satisfatoriamente à necessidade de reparar os danos ambientais a fim de que as gerações futuras possam usufruir, pelo menos, da mesma qualidade de que dispomos hoje." (STEIGLEDER, 2011, p. 160).

A responsabilidade torna-se como uma missão confiada, a geração presente torna-se guardiã da natureza e das gerações futuras, cujos interesses estão indissociavelmente confundidos. (STEIGLEDER, 2011).

No âmbito da solidariedade é, ainda, possível destacar a indissolubilidade dos interesses privados e públicos no tocante ao que preconiza o artigo 225, *caput*, da Constituição Federal de 1988 quando menciona que se impõe ao poder público e à coletividade o dever de defender e preservar o meio ambiente para as presentes e futuras gerações. Há também que se destacar o caráter inter e intrageracional da responsabilidade que se assenta no presente e no futuro. "A noção de solidariedade ganha notável força, inclusive trazendo ao debate o legítimo interesse das futuras gerações a receber idênticas oportunidades de acesso aos bens ambientais. O direito fundamental ganha, nesse sentido, uma dimensão intergeracional." (FARIAS; BRAGA NETTO; ROSENVALD, 2015, p. 863-864).

Deve-se respeito à humanidade inteira, ou, em outras palavras, a responsabilidade é voltada para os homens e para a natureza. O respeito às plantas e aos animais é colocado, não porque estes tenham direitos a fazer valer, mas porque os seres humanos têm deveres a respeitar: deveres assimétricos de responsabilidade, justificados simultaneamente pela vulnerabilidade dos beneficiários e pela necessidade de respeitar as simbioses biológicas, no interesse da humanidade inteira. (STEIGLEDER, 2011).

O outro aspecto do princípio da solidariedade é a questão da alteridade tratando-se do respeito pelas diferenças e peculiaridades do outro. "Com isso, respeita-se não o homem, como centro do sistema jurídico e dos valores culturais, mas a humanidade, com que o sistema abre-se para o princípio da equidade intergeracional." (STEIGLEDER, 2011, p. 161).

Annelise Monteiro Steigleder aponta três princípios informativos da base da equidade intergeracional:

> 1) Princípio da conservação de opções, segundo o qual "cada geração deve conservar a diversidade da base dos recursos naturais e culturais, sem diminuir ou restringir as opções futuras de avaliação das futuras gerações na solução de seus problemas e na satisfação de seus valores. E que deve ser comparável com a diversidade que foi usufruída pelas gerações antecedentes.
>
> 2) Princípio da Conservação da Qualidade, segundo o qual cada geração deve manter "a qualidade do planeta para que seja transferida nas mesmas condições em que foi recebida, bem como a qualidade do planeta que seja comparável àquela usufruída pelas gerações passadas;
>
> 3) Princípio da Conservação do Acesso, segundo o qual "cada geração deveria prover seus membros com direitos iguais de acesso ao legado das gerações passadas e conservar o acesso para as gerações futuras. (STEIGLEDER, 2011, p. 162).

Ademais, "o conteúdo da função social da responsabilidade civil, voltada para a proteção do meio ambiente, vincula-

-se aos princípios da responsabilidade social e da solidariedade social concebidos a partir da superação do individualismo no âmbito das relações econômicas." (FARIAS; BRAGA NETTO; ROSENVALD, 2015, p. 867).

O princípio da solidariedade encampa a união de diversos atores sociais com a finalidade de se promover a cooperação e um meio ambiente saudável e equilibrado no aqui e no agora, no porvir e direcionado para as presentes e futuras gerações.

A solidariedade social, inserida no artigo 3º, inciso III da Constituição Federal de 1988, projeta suas luzes sobre todo o ordenamento e tem especial aplicação no direito ambiental. Pode ser compreendida, juridicamente, como a obrigação de se adimplir a integralidade da dívida ou também pode ser vislumbrada em um viés social - que não deixa de ser jurídico - que remete à superação do individualismo consubstanciado na responsabilidade pela existência dos demais. Pode-se pensar também no conteúdo da solidariedade intergeracional que se pauta na ideia de alcance do mínimo existencial ecológico como viabilizador da dignidade humana.

A solidariedade é regra na reparação civil no Brasil e no direito ambiental também encontra seu lugar. É o caso, por exemplo, do atual proprietário que se vê compelido a arcar pela degradação promovida pelo antigo dono, personificando-se em uma obrigação *propter rem*. Dessa forma, a responsabilidade civil pela reparação dos danos ambientais adere ao título e se transfere ao futuro proprietário. Neste sentido, sinaliza a jurisprudência do Superior Tribunal de Justiça, de relatoria do Ministro Herman Benjamin:

> PROCESSUAL CIVIL E AMBIENTAL. NATUREZA JURÍDICA DOS MANGUEZAIS E MARISMAS. TERRENOS DE MARINHA. ÁREA DE PRESERVAÇÃO PERMANENTE. ATERRO ILEGAL DE LIXO. DANO AMBIENTAL. RESPONSABILIDADE CIVIL OBJETIVA. OBRIGAÇÃO PROP-

TER REM. NEXO DE CAUSALIDADE. AUSÊNCIA DE PREQUESTIONAMENTO. PAPEL DO JUIZ NA IMPLEMENTAÇÃO DA LEGISLAÇÃO AMBIENTAL. ATIVISMO JUDICIAL. MUDANÇAS CLIMÁTICAS. DESAFETAÇÃO OU DESCLASSIFICAÇÃO JURÍDICA TÁCITA. SÚMULA 282/STF. VIOLAÇÃO DO ART. 397 DO CPC NÃO CONFIGURADA. ART. 14, § 1º, DA LEI 6.938/1981. 1. Como regra, não viola o art. 397 do CPC a decisão que indefere a juntada de documentos que não se referem a fatos novos ou não foram apresentados no momento processual oportuno, ou seja, logo após a intimação da parte para se manifestar sobre o laudo pericial por ela impugnado. 2. Por séculos prevaleceu entre nós a concepção cultural distorcida que enxergava nos manguezais lato sensu (= manguezais stricto sensu e marismas) o modelo consumado do feio, do fétido e do insalubre, uma modalidade de patinho-feio dos ecossistemas ou antítese do Jardim do Éden. 3. Ecossistema-transição entre o ambiente marinho, fluvial e terrestre, os manguezais foram menosprezados, popular e juridicamente, e por isso mesmo considerados terra improdutiva e de ninguém, associados à procriação de mosquitos transmissores de doenças graves, como a malária e a febre amarela. Um ambiente desprezível, tanto que ocupado pela população mais humilde, na forma de palafitas, e sinônimo de pobreza, sujeira e párias sociais (como zonas de prostituição e outras atividades ilícitas). 4. Dar cabo dos manguezais, sobretudo os urbanos em época de epidemias, era favor prestado pelos particulares e dever do Estado, percepção incorporada tanto no sentimento do povo como em leis sanitárias promulgadas nos vários níveis de governo. 5. Benfeitor-modernizador, o adversário do manguezal era incentivado pela Administração e contava com a leniência do Judiciário, pois ninguém haveria de obstaculizar a ação de quem era socialmente abraçado como exemplo do empreendedor a serviço da urbanização civilizadora e do saneamento purificador do corpo e do espírito. 6. Destruir manguezal impunha-se como recuperação e cura de uma anomalia da Natureza, convertendo a aberração natural pela humanização, saneamento e expurgo de suas características ecológicas no Jardim do Éden de que nunca fizera parte. 7. No Brasil, ao contrário de outros países, o juiz não cria obrigações de proteção do meio ambiente. Elas jorram da lei, após terem passado pelo crivo do Poder Legislativo. Daí não precisarmos de juízes ativistas, pois o ativismo é da lei e do texto constitucional. Felizmente nosso Judiciário não é assombrado por um oceano de lacunas ou um festival de meias-palavras legislativas. Se lacuna existe, não é por falta de lei, nem mesmo por defeito na lei; é por ausência ou deficiência de implementação administrativa e judicial dos inequívocos deveres ambientais estabelecidos pelo legislador. 8. A legislação brasileira atual reflete a transformação científica, ética, política e jurídica que reposicionou os manguezais, levando-os da condição de risco à saúde pública ao patamar de ecossistema criticamente ameaçado. Objetivando resguardar suas funções ecológicas, econômicas e sociais, o legislador atribuiu-lhes o regime jurídico de Área de Preservação Permanente. 9. É dever de todos, proprietários ou não, zelar pela preservação dos manguezais, necessidade cada vez maior, sobretudo em época de mudanças climáticas e aumento do nível do mar. Destruí-los para uso econômico direto, sob o permanente incentivo do lucro fácil e de benefícios de curto prazo, drená-los ou aterrá-los para a especulação imobiliária ou exploração do solo, ou transformá-los em depósito de lixo caracterizam ofensa grave ao meio ambiente ecologicamente equilibrado e ao bem-estar da coletividade, comportamento que deve ser pronta e energicamente coibido e apenado pela Administração e pelo Judiciário. 10. Na forma do art. 225, caput, da Constituição de 1988, o manguezal é bem de uso comum do povo, marcado pela imprescritibilidade e inalienabilidade. Logo, o resultado de aterramento, drenagem e degradação ilegais de manguezal não se equipara ao instituto do acrescido a terreno de marinha, previsto no art. 20, inciso VII, do texto constitucional. 11. É incompatível com o Direito brasileiro a chamada desafetação ou desclassificação jurídica tácita em razão do fato consumado. 12. As obrigações ambientais derivadas do depósito ilegal de lixo ou resíduos no solo são de natureza propter rem, o que significa dizer que aderem ao título e se transferem ao futuro proprietário, prescindindo-se de debate sobre a boa ou má-fé do adquirente, pois não se está no âmbito da responsabilidade subjetiva, baseada em culpa. 13. Para o fim de apuração do nexo de causalidade no dano ambiental, equiparam-se quem faz, quem não faz quando deveria fazer, quem deixa fazer, quem não se importa que façam, quem financia para que façam, e quem se beneficia quando outros fazem. 14. Constatado o nexo causal entre a ação e a omissão das recorrentes com o dano ambiental em questão, surge, objetivamente, o dever de promover a recuperação da área afetada e indenizar eventuais danos remanescentes, na forma do art. 14, § 1º, da Lei 6.938/81. 15. Descabe ao STJ rever o entendimento do Tribunal de origem, lastreado na prova dos autos, de que a responsabilidade dos recorrentes ficou configurada, tanto na forma comissiva (aterro), quanto na omissiva (deixar de impedir depósito de lixo na área). Óbice da Súmula 7/STJ. 16. Recurso Especial parcialmente conhecido e, nessa parte, não provido. (BRASIL. STJ. REsp: 650.728 SC. Relator Ministro Herman Benjamin, 2009).

O julgado dispõe acerca de quem são os responsáveis pelo dano ambiental como acima grifado: "quem faz, quem não faz quando deveria fazer, quem deixa de fazer, quem não se importa que façam, quem financia para que façam, e quem se beneficia quando outros fazem."(BRASIL. STJ. REsp: 650.728 SC. Relator Ministro Herman Benjamin, 2009).

Destaca-se, dessa forma, que os responsáveis pela degradação ambiental não são somente os poluidores diretos, mas também os indiretos como preceitua o artigo 3º, inciso IV da Lei nº 6.938/81, *in verbis*:

> Art 3º - Para os fins previstos nesta Lei, entende-se por: IV - poluidor, a pessoa física ou jurídica, de direito público ou privado, responsável, direta ou indiretamente, por atividade causadora de degradação ambiental; (BRASIL, 1981).

A responsabilidade pela existência do outro não é apenas do Estado, mas da sociedade civil e de cada cidadão. Neste viés, o direito da contemporaneidade enaltece as relações sociais com fulcro na solidariedade em detrimento da competitividade que ainda integra a lógica social.

4.2.6. Princípio do Poluidor-Pagador

O princípio do poluidor-pagador, expresso na Lei nº 6.938/81, artigo 4º, inciso VII, é de origem econômica e tem o objetivo de incentivar a utilização racional dos recursos ambientais escassos (COSTA; REIS; OLIVEIRA, 2015).

Tal princípio atua na abrangência econômica e na internalização das externalidades ambientais negativas. É a imposição dos custos das fontes poluidoras com prevenção e reparação dos danos ambientais, impedindo a socialização dos riscos. A primeira vertente do princípio é a prevenção, que encontra inserido no artigo 16 da Declaração do Rio de Janeiro de 1992.

O princípio foi incorporado ao art.4º, inciso VII da Lei nº 6.938/81 que determina que a política nacional do meio ambiente visará a imposição, ao poluidor e ao predador, da obrigação de recuperar os danos causados e, ao usuário, da contribuição pela utilização de recursos ambientais com fins econômicos, reconhecendo neste último caso, a figura do usuário-pagador. Há que se mencionar o art. 6º, II, da Lei n°12.305/10, relativa à Política Nacional de Resíduos Sólidos, e o Decreto n°4.339/02, relativo à Política Nacional da Biodiversidade, que prevê que o poluidor deverá suportar o custo da poluição. Na dicção de Annelise Monteiro Steigleder sobre o princípio do poluidor-pagador:

> Deve-se interpretar o princípio de forma extensiva, enfatizando-se a sua vocação preventiva, rejeitando exegeses que procurem vislumbrar no poluidor-pagador uma autorização para poluir. O objetivo principal do princípio do poluidor pagador não é a reparação ou mesmo a repressão do dano ambiental (ambas retrospectivas) mas, sim, como refere Benjamin, a prevenção do dano ambiental, fazendo com que a atividade de preservação e conservação dos recursos ambientais seja mais barata que a de devastação. (STEIGLEDER, 2011, p. 170).

Pondera-se que o presente princípio não constitui uma autorização para poluir, ao contrário, ele se refere à conscientização no sentido de que é mais oneroso poluir do que promover a prevenção das ações danosas. Trata-se, dessa forma, de um princípio de cunho econômico cuja principal finalidade é a internalização das externalidades negativas contemplando os custos com a prevenção.

Destarte, devem os poluidores incorporar aos seus processos produtivos os custos relativos à prevenção, acompanhamento, controle e reparação de impactos ambientais. O princípio contempla a prevenção e a reparação dos danos ambientais.

4.2.7. Princípio da Informação

O princípio da informação se refere à acessibilidade e publicidade das informações ambientais. O referido princípio tem algumas características básicas como a veracidade, amplitude, tempestividade e acessibilidade. É necessário verificar a completude dos dados para que o princípio possa ser aplicado.

O princípio da participação preconiza a participação da sociedade e do poder público nas questões de ordem ambiental. Salientam os autores que "mesmo que fique uma interrogação de como a coletividade deve participar efetivamente nesse processo, esta é uma questão que deve ser resolvida com políticas públicas para se obter instrumentos eficientes de participação." (COSTA; REIS; OLIVEIRA, 2016).

Pelo exposto, ratifica-se que a responsabilidade civil assume novas funções sobremaneira nas questões preventivas e precaucionais e não meramente reparatórias. Conclui Steigleder a respeito das novas funções da responsabilidade civil por danos ambientais:

> A responsabilidade civil por danos ambientais surge neste contexto com o desafio de superar as contradições da sociedade contemporânea, tornando-se por um lado, instrumento do desenvolvimento sustentável, pois atua na forma de produção e geração de riscos ambientais, e, por outro, com a função de discutir a relação de apropriação dos recursos naturais, o que faz mediante o reconhecimento da reparabilidade do valor intrínseco da natureza. Amplia-se, então, a noção de dano, não mais redutível à perspectiva individualista do dano privado, gerado por intermédio da degradação ambiental, e busca-se reparar a qualidade inerente dos elementos naturais, indispensáveis ao equilíbrio ecológico planetário e à sobrevivência das gerações futuras, humanas ou não. (STEIGLEDER, 2011, p. 163).

4.2.8. Princípio da Participação

A participação popular é otimizada, hoje, pelas novas tecnologias, o que contribui para a efetivação de uma democracia ambiental. Há uma necessidade de que a administração pública haja de forma compartilhada, o que denota a completa união entre sociedade civil e Estado.

A própria Constituição de 1988 expressa que é o povo o titular de todo o poder exercido de forma direta ou por meio dos seus representantes eleitos. A participação, dessa forma, pressupõe democratização dos canais, sejam administrativos, judiciais ou informais, que têm o condão de influenciar as decisões. O que também significa dizer, que há maior abrangência dos meios de publicidade. Salientam os doutrinadores:

> Tomar decisões sobre esses riscos nas sociedades contemporâneas é, portanto, um resultado de ações de cooperação, coordenação e integração, que se desenvolvem em processos públicos, plurais e participativos, sob as bases de um sistema de gestão cooperativa da informação, oportunizando condições para que o acesso público se dê, e a informação chegue aos processos enquanto ainda puderem exercer influência relevante sobre o rumo das decisões. (FARIAS; BRAGA NETTO; ROSENVALD, 2015, p. 880).

O princípio da participação se associa ao da informação e viabiliza a construção dialógica tão necessária nas sociedades democráticas fundadas na essência do discurso e do debate.

4.2.9. Princípio da Reparação Integral

Não se admite reparação parcial na seara ambiental, deve-se, pois, promover a reparação do dano em sua totalidade, e esta reparação se refere tanto aos danos extrapatrimoniais como aos patrimoniais. Reitera-se que as condenações ambientais podem se referir a obrigações de fazer, não fazer e de indenizar de forma concomitante.

4.2.10. Princípio da proibição do retrocesso ambiental

O princípio da proibição do retrocesso ambiental determina a impossibilidade de se voltar ao que toca as conquistas ambientais do ponto de vista normativo. Dessa forma, o legislador não pode retroceder e tem o dever de proteger a essencialidade do direito fundamental ao meio ambiente equilibrado.

4.2.11. Princípio da Interpretação in Dubio Pro Ambiente

A administração pública deve optar pela alternativa menos gravosa ao meio ambiente. A hermenêutica ambiental consolida suas bases normativas no princípio *in dubio pro natura* que determina que as soluções e decisões sejam favoráveis à tutela ambiental. Neste contexto, tem-se que o direito ambiental vale-se de princípios do direito administrativo que garantem sua operacionalização tais como a aplicação de licenças, multas e interdições.

4.3. Responsabilidade Civil Ambiental como Instrumento Jurídico de efetivação do Princípio Responsabilidade

A anedota do sapo e do escorpião, narrada por Freud, adverte para a natureza dos seres e pela necessidade da coerção para o direcionamento das ações. A história se inicia quando o escorpião se aproxima de um sapo que estava na beira de um rio e o solicita para ser carregado até a outra margem. O sapo, imediatamente, responde, indignado, dizendo que faria isso somente se estivesse louco porque o escorpião o picaria, levando-o à morte. O escorpião disse que este pensamento era ridículo, porque, se ele assim agisse, os dois afundariam e morreriam.

Compelido pelo raciocínio lógico defendido pelo escorpião, o sapo concorda em carregar o escorpião até a outra margem do rio, mas quando chegam no meio da travessia o escorpião crava seu ferrão no sapo. O sapo percebe e pergunta ao escorpião o motivo de ter agido daquela forma, e o escorpião responde que ele era um escorpião e que esta era a sua natureza.

A partir da narrativa é possível pensar na necessidade de um instrumento jurídico capaz de frear a natureza humana que o compele a atos de destruição de sua própria casa e do seu próprio ser. Sem o qual, a travessia de sua existência seria impedida e impossibilitada estaria a de uma futura.

É certo que o Direito Civil caminha para o alcance do enaltecimento da figura do homem considerado um sujeito de direitos. Esses direitos se referem à sua personalidade, que tem por objetivo a realização da vida digna, da liberdade, da saúde, da segurança, do trabalho e do meio ambiente sadio. Neste sentido, as preocupações com questões patrimoniais não suplantam as preocupações com a plena realização do ser como pessoa em sua totalidade. Nas palavras de Francisco José Marques Sampaio:

> O direito caminha para a sua repersonalização que tem como fulcro os princípios fundamentais sobre os quais se alicerçam a República Federativa do Brasil e o Estado Democrático de Direito, a saber a cidadania, a dignidade da pessoa humana, a solidariedade social e a justiça distributiva. [...]. Examine-se, então, como merece ser repensada a responsabilidade civil por danos ao meio ambiente e o processo de reparação a partir da ótica da personalização do Direito Civil. Aos mencionados princípios fundamentais, mais diretamente ao concernente à dignidade da pessoa humana encontram-se associados os direitos à vida e à saúde, o último objeto de norma expressa, inserida no artigo 196 da Constituição. (SAMPAIO, 2003, p. 196).

Importante refletir sobre a perspectiva do direito ambiental e sua garantia à saúde e qualidade de vida, intrínsecos ao desenvolvimento e operacionalização do instituto da responsabilidade civil ambiental, como bem expressa o citado artigo 196 da Constituição Federal de 1988.

O direito ambiental é concebido, assim, como um direito biodifuso que não aceita as velhas fórmulas individualistas e patrimonializantes. O autenticamente novo pede novos modelos de pensamento. É isso que ocorre, em boa medida, com o direito ambiental. [...] O bem ambiental é um exemplo de um bem que é de uso comum (e de interesse social), mas não é estatal. (FARIAS; BRAGA NETTO; ROSENVALD, 2015).

Não é fácil promover a proteção ambiental. Sabemos que o padrão mental tradicional ainda está conectado a um sistema voltado para a proteção de direitos individuais, e não para resguardar direitos e interesses fundamentalmente difusos, como é o caso do direito ao meio ambiente ecologicamente equilibrado. (FARIAS; BRAGA NETTO; ROSENVALD, 2015).

Segundo José Rubens Morato Leite e Patryck de Araújo Ayala "responsabilidade deriva etimologicamente de responsável que se origina do latim *responsus*, do verbo respondere[...] que transmite a ideia de reparar, recuperar, compensar ou pagar pelo que fez." (LEITE; AYALA, 2012, p. 119). Paulo Affonso Leme Machado explica as implicações do sentido do termo:

> Respondere leva a sponcio, instituição que tinha um lugar central no Direito Romano arcaico, e a spondere. O sponsor é um devedor: o homem que, no diálogo da estipulação, por uma resposta afirmativa à questão do estipulante, futuro credor, engajava-se em alguma prestação. O responsor era especialmente a caução; em uma segunda troca de palavras, ele se obrigava a responder sobre a dívida principal de outrem.(MACHADO, 2010, p. 356).

Responsabilidade implica no efeito de uma conduta ou não conduta e redunda no dever de se cumprir uma obrigação que decorre destas. Trata-se o instituto da responsabilidade civil de aparato normativo essencialmente lógico, uma vez que, composto pela correlação de seus elementos, a saber, a conduta ilícita, a ocorrência do dano e o liame que os une, o chamado nexo de causalidade. Emerge daí a imperiosa necessidade de reparação do dano, estabelecendo-se ou buscando-se estabelecer o *status quo ante*. José Afonso da Silva também traça o conceito de responsabilidade civil:

> A responsabilidade civil é a que impõe ao infrator a obrigação de ressarcir o prejuízo causado por sua conduta ou atividade. Pode ser contratual, por fundamentar-se em um contrato, ou extracontratual, por decorrer de exigência legal (responsabilidade legal) ou de ato ilícito (responsabilidade por ato ilícito), ou até mesmo por ato lícito (responsabilidade por risco). (SILVA, 2011, p. 320).

Concretizada em cumprimento da obrigação de fazer ou de não fazer e no pagamento de condenação em dinheiro. Em geral, manifesta-se na aplicação deste dinheiro em atividade ou obra de prevenção ou de reparação do prejuízo. (MACHADO, 2010).

Salienta-se que "a responsabilidade civil talvez seja o instituto que mais se renova a partir das mudanças sociais". (FARIAS; BRAGA NETTO; ROSENVALD, 2015, p. 899).

Da leitura dos artigos 186 e 927 ambos do Código Civil de 2002, se abstrai que "aquele que por ação ou omissão violar direito e causar dano a outrem fica obrigado a repará-lo." (BRASIL, 2002). O artigo 927, parágrafo único, do Código Civil de 2002, dispõe: "Haverá obrigação de reparar o dano, independentemente de culpa, nos casos especificados em lei, ou quando a atividade normalmente desenvolvida pelo autor do dano implicar, por sua natureza, riscos para os direitos de outrem." (BRASIL, 2002). Paulo Affonso Leme Machado explicita:

> Quanto à primeira parte, em matéria ambiental, já temos a Lei 6.938/81 que instituiu a responsabilidade sem culpa. Quanto à segunda parte, quando nos defrontarmos com atividade de risco, cujo regime de responsabilidade não tenha sido especificado em lei, o juiz analisará caso a caso, ou o Poder Público fará a classificação dessas atividades. É a responsabilidade pelo risco da atividade. Na conceituação do risco aplicam-se os princípios da precaução, da prevenção e da reparação. (MACHADO, 2010, p. 362).

De acordo com Édis Milaré, a reparação da danosidade, como qualquer outro tipo de reparação, funciona através das normas de responsabilidade civil, estas que pressupõem prejuízo a terceiro, ensejando pedido de sua reparação. (MILARÉ, 2011). Sobre os danos ambientais, os apontamentos de Cristiano Chaves Farias, Felipe Peixoto Braga Netto e Nelson Rosenvald:

> Sabemos que o dano ambiental, em boa parte das vezes, traz o triste tom da irreversibilidade. Bem por isso, aceita-se que uma pluralidade de atores sociais ajam, judicialmente ou não, no sentido de evitar a lesão ou a continuidade da degradação. É nesse sentido que se pode falar numa democracia ambiental. (FARIAS, BRAGA NETTO; ROSENVALD, 2015, p. 864).

Adiante serão abordados os pontos principais da responsabilidade civil ambiental, tais como as problemáticas que se referem ao nexo de causalidade, aos danos, as presunções e inversões, os sujeitos responsáveis, os seguros ambientais, entre outros.

4.4. Responsabilidade civil ambiental: principais contornos

4.4.1. Conceito de Dano

Entende-se por dano ecológico qualquer lesão ao meio ambiente causado por condutas ou atividades de pessoa física ou jurídica de Direito Público ou de Direito Privado (SILVA, 2011). Interessante o apontamento efetuado por José Afonso da Silva (2011) acerca do dano, segundo o autor, qualquer dano pode gerar responsabilização nos três âmbitos- administrativo, penal ou civil, e não somente o dano de natureza ecológica.

Há diferenças entre o dano tradicional e o dano de natureza ambiental: o dano tradicional é vinculado à pessoa e aos seus bens considerados de forma individual, a lesão é amparada na certeza, na segurança, a lesão individual é sempre atual, permanente e clara, possui característica de anormalidade, facilitada comprovação do liame causal, e sujeita aos prazos prescricionais do Código Civil.

São características do dano ambiental: é difuso, de titularidade indefinida ou indeterminável, quando a lesão atinge indivíduos, gera um dano ambiental reflexo. Pode ser incerto e de difícil constatação, é transtemporal e cumulativo de geração para geração. A lesão ambiental pode ser oriunda de uma anormalidade, mas há possibilidade de existir uma tolerância social do dano. O dano ocorre em várias condutas cumulativas, diferentes espaços físicos, o que dificulta a delimitação do nexo do dano ambiental. A prova da lesão ambiental é complexa, necessitando de instrumentos flexíveis como probabilidade e verossimilhança. Possui a característica de imprescritibilidade (LEITE; BELCHIOR, 2012). Sobre a prescindibilidade do dano:

> Importante um registro teórico. O conceito de ilícito civil, na experiência jurídica brasileira, prescinde do dano. O dano não é requisito da ilicitude civil. Se já era assim anteriormente ao Código Civil de 2002, essa constatação se tornou ainda mais forte com a consagração legislativa da cláusula geral do abuso de direito (CC, art. 187). Temos, aí, um ato ilícito cuja eficácia não é necessariamente indenizatória, nem tampouco exige, em seu suporte fático, o dano. No campo ambiental, a discussão, decerto, ganha particular relevância. Não são raras as disputas judiciais em que se pretende-por meio de ações populares ou ações civis públicas- impedir a realização de empreendimentos potencialmente degradadores sem o prévio Estudo de Impacto Ambiental (EIA/RIMA). O dano, em casos semelhantes, certamente não existe ainda, porém não é menos certo que poderá ocorrer, mantidas as etapas subsequentes da atividade. O princípio da proporcionalidade- nesta e em outras questões ambientais- há se ser trazido à consideração, iluminando as ponderações e as soluções dos problemas. (FARIAS; BRAGA NETTO; ROSENVALD, 2015, p. 873).

Assim, o evento danoso é o resultado das atividades, que de maneira direta ou indireta, causem degradação do meio ambiente ou de um de seus componentes, vale dizer, que a poluição e degradação que se tipifica pelo resultado danoso, independem de qualquer investigação quanto à inobservância de regras ou padrões específicos, sendo necessário apenas a comprovação da degradação. (MILARÉ, 2011). Nelson Rosenvald, Cristiano Chaves Farias e Felipe Peixoto Braga Netto sintetizam as características dos danos ambientais, como abaixo se demonstra:

> (a) são, em regra, anônimos, sem autoria claramente configurada (pensemos, por exemplo, nas emissões de poluentes nas grandes cidades); (b) são, frequentemente, irreversíveis, não há como retornar ao estado de coisas anterior; (c) são, em regra, difusos, o que torna as vítimas socialmente dispersas no tecido social espacial, mas também no tecido espacial temporal, simbolizando as futuras gerações); (e) ainda que se trate de um dano ambiental patrimonial, ele traz notas de extrapatrimonialidade (mesmo na proteção tradicional conferida ao microbem ambiental, haverá, reflexamente, uma proteção ao bem de uso comum, àquilo que é funcionalmente de todos); (f) a licitude da atividade é dado absolutamente irrelevante (isso significa, na prática, entre outras coisas, que a emissão de poluentes no limite da norma administrativa, por exemplo, não imuniza contra a indenização, ainda que seja um dado hermeneuticamente relevante); (g) os limites de tolerabilidade são analisados no caso concreto, de modo contextualizado (lembrando que a natureza apresenta não um equilíbrio estático, mas dinâmico); (h) trata-se de dano cuja quantificação é particularmente difícil (como, por exemplo, quantificar e ressarcir a extinção de certa espécie da fauna?); (i) as chamadas externalidades ambientais negativas não compreendem apenas o ambiente natural, mas também o cultural, o artificial e, segundo alguns, até

o do trabalho (isto é, não só a cachoeira é protegida, mas também a igreja modelada pelo gênio de Aleijadinho, o prédio de Niemeyer etc); (j) abandona-se, aqui, em muitos aspectos, a certeza do dano clássico, passando a operar com o conceito de probabilidade; (k) aceita-se, mais generosamente, inversões probatórias (mesmo sem base legal imediata, valendo-se do diálogo das fontes); (l) aceita-se, de igual modo, flexibilizações ou até presunções do nexo de causalidade (por exemplo, como provar o nexo causal na chamada poluição histórica, que resulta na acumulação, sucessiva e progressiva, de dejetos? Alude-se, por isso, ao "império da dispersão do nexo causal"); (m) alguns advogam, em relação ao nexo causal na área ambiental, o abandono das teorias normalmente aceitas, passando-se a adotar outras, mais próprias às especificidades do dano ambiental (como, por exemplo, a causalidade alternativa, quando há dois ou mais fatores que poderiam, isoladamente, causar o dano, mas não se sabe quem foi o real causador. Segundo a teoria mencionada, aceita-se a responsabilização do grupo); (n) o conceito de risco assume tons mais fortes no dano ambiental); (o) os princípios da prevenção e da precaução autorizam a imposição de medidas preventivas e precaucionais mesmo sem danos consumados (o conceito de abuso de direito, previsto no artigo 187 do CC, pode ser hermeneuticamente útil, já que não exige dano); (p) alguns autores mencionam (embora não concordemos) que aplica-se, no direito ambiental, a teoria do risco integral (trata-se, no entanto, de particularidade extremamente relevante do debate, por isso merece um tópico próprio); (q) aceita-se, de modo mais intenso, a responsabilidade solidária do ofensor indireto (já se decidiu que responde civilmente "quem faz, que não faz quando deveria fazer, quem deixa de fazer, quem não se importam que façam, quem financia para que façam, e quem se beneficia quando outros fazem" (STJ, REsp 650.728, **Rel. Min. Herman Benjamin**); (r) ao contrário do comum dos danos, o dano ambiental traz, segundo a jurisprudência, a nota da imprescritibilidade (tratando-se de direito eminentemente difuso, não faria sentido punir a sociedade pela inércia de alguns, como apregoa a filosofia de feição individualística); (s) embora o direito de danos do século XXI tenha nítida preocupação preventiva, essa preocupação é ainda mais forte no direito ambiental (à luz, sobretudo, do princípio da precaução); (t) o bem ambiental – a natureza- passou por curiosa evolução conceitual: de *res nullius* para *res communis omnium* (de coisa sem dono, desprezível, para coisa de uso comum); (u) o conceito de dano ambiental não é utilitarista, ou seja, independe da utilidade humana do bem (há dano ambiental na extinção de uma espécie de fauna ou flora, mesmo que não haja nenhum prejuízo para a humanidade nesta extinção); (v) são danos potencialmente transnacionais, que não respeitam fronteiras geográficas ou conhecem limites de competência entre países; (w) em conexão conceitual com o item anterior, são danos que exigem uma abordagem transdisciplinar e holística, ou seja, é conceitualmente incorreto e operacionalmente inadequado abordá-los sem o amparo do conhecimento de outras ciências que estudam, sob outras perspectivas, o meio ambiente (para ficar num único exemplo, lembremos que seria impossível realizar um Estudo de Impacto Ambiental com estritos conhecimentos jurídicos). (FARIAS; BRAGA NETTO; ROSENVALD, 2015, p. 883-884).

A teleologia e a hermenêutica do Direito Ambiental caminham para que o dano não aconteça, ainda assim, ocorrido o dano, deve-se tentar a restauração do próprio bem ambiental degradado. Não sendo possível, parte-se para a compensação ecológica ou para a indenização, com prioridade para a aquela. Mesmo a indenização, no direito ambiental, não escapa da ideia de restaurar o bem degradado. (FARIAS; BRAGA NETTO; ROSENVALD, 2015).

A identificação do dano não se mostra de fácil constatação sendo que a história é fator modificativo daquilo que é ou não considerado dano. Nítida é a mudança conceitual que altera o paradigma utilitarista ambiental e dão ensejo a condutas de maior respeito para com a natureza. Sobre o dano ambiental ao macro e ao microbem explicam os doutrinadores:

> Em relação ao dano ambiental, cabe inicialmente mencionar que podemos estar diante de macrobem ambiental, de índole difusa, ou de microbem, de titularidade de um indivíduo. Nesse contexto, um vazamento de óleo no mar, por exemplo, poderá a um só tempo, representar dano indenizável aos pescadores que vivem economicamente da pesca e ser, ainda, por outro lado, dano ao macrobem ambiental, amplamente considerado. (FARIAS; BRAGA NETTO; ROSENVALD, 2015, p. 885).

Dessa forma, há diferenciação entre o dano ao microbem, considerado pela perspectiva individual, e o macrobem, conceituado como de interesse difuso e sob a ótica da coletividade. Os danos ambientais causados aos indivíduos são denominados danos ambientais por ricochete.

Salienta-se que no tocante à responsabilização por danos ambientais prevalecerá a realização da tutela específica, preferindo-se o retorno ao estado anterior à lesão e a cessação da atividade lesiva.

> Há de ser analisado de modo contextualizado e sempre à luz do caso concreto. Há de se lançar luzes para a gravidade do dano, sopesar eventuais níveis de tolerabilidade aceitáveis e sancionar, com firme-

za, aquilo que superar esses níveis, na proporção da respectiva superação. (FARIAS; BRAGA NETTO; ROSENVALD, 2015, p. 886).

Paulo Affonso Leme Machado confere o conteúdo de perigo tratando-o de forma associada ao dano:

> Risco, fortuna, ventura, em que alguém está, de sofrer algum dano, perda ou ruína. Perigo: situação, conjuntura ou circunstância que ameaça a existência de uma pessoa ou de uma coisa, risco. Perigo: situação em que está ameaçada a existência ou a integridade de uma pessoa ou de uma coisa, risco, inconveniente. (MACHADO, 2010, p. 365).

Ficam, assim, esclarecidos as principais diferenças existentes entre o dano de natureza ambiental e ecológica e o dano tradicional, seu conceito e suas definições foram abordadas e demonstram a peculiaridade deste dano e o tratamento especial que eles ensejam, dada a imprescindibilidade de sua reparação.

4.4.2. Danos Ambientais Extrapatrimoniais

O objetivo do direito ambiental constitui-se em proteger a natureza concebida como bem de uso comum do povo e de interesses difusos. Podendo tratar-se de interesses não patrimoniais dispersos pelo tempo e pelo espaço.

Os danos extrapatrimoniais têm lugar quando há afetação do direito ao meio ambiente ecologicamente equilibrado com consequente aviltamento da qualidade de vida da coletividade. "Havendo lesão àquele direito, há, decerto, dano ambiental extrapatrimonial difuso, se constatada a perda de qualidade de vida, atingindo, em níveis variados, a coletividade."(FARIAS; BRAGA NETTO; ROSENVALD, 2015, p. 888).

O dano extrapatrimonial não atinge somente o meio ambiente natural, pode atingir também bens do patrimônio cultural de determinada localidade. Quanto à mensurabilidade do dano, pode-se afirmar a sua latente dificuldade. O Superior Tribunal de Justiça acompanha o raciocínio decisório pela indenizabilidade do dano extrapatrimonial podendo majorar ou diminuir o valor da indenização, o que corresponde a uma exceção à súmula 7 daquele tribunal que expressamente inadmite o julgamento de questões fáticas.

Nem a lei, nem mesmo a Constituição traçam parâmetros indenizatórios para o dano extrapatrimonial. Pontua-se a possibilidade das indenizações de cunho pedagógico e punitivo. Estas indenizações objetivam evitar o raciocínio pautado nas razões de custo e benefício da degradação, ou seja, em casos em que o valor da indenização é baixo torna-se mais vantajoso adimpli-la do que proceder de forma a evitar a ocorrência do dano.

4.4.3. Estruturas Probatórias: Inversões e Presunções

A maioria dos danos ambientais apresenta a marca da irreversibilidade, complexidade sendo transfronteiriços e transindividuais. O direito ambiental é permeado por normas abertas que indicam objetivos e fins a serem alcançados.

A estrutura da prova do dano ambiental apresenta certas peculiaridades por abarcar as presunções e admitir a dinamização do ônus da prova, como bem autoriza o Código de Defesa do Consumidor. Explicam Cristiano Chaves Farias, Felipe Peixoto e Nelson Rosenvald:

> Consignou-se que justifica-se a inversão do ônus da prova, transferindo para o empreendedor da atividade potencialmente perigosa o ônus de demonstrar a segurança do empreendimento, a partir da interpre-

tação do artigo 6º, inciso VIII, da Lei 8.078/1990 c/c artigo 21 da Lei 7347/1985, conjugado ao princípio ambiental da precaução. (STJ, REsp 972.902). (FARIAS; BRAGA NETTO; ROSENVALD, 2015, p. 892).

As presunções são utilizadas quando não houver providências precaucionais. Diante do princípio da precaução o ônus da prova da ofensividade é do autor/causador do dano. Sobre a adoção das presunções na aplicação do instituto da responsabilidade civil, Francisco José Marques Sampaio explica:

> O fundamento principal para adoção de presunções reside na necessidade de dar efetividade às normas constitucionais e legais de responsabilidade civil como meio de promover-se a restauração das condições ambientais preexistentes. A prática jurisprudencial acumulada desde o advento da lei da ação civil pública- momento a partir do qual se intensificaram as demandas de tal natureza- revela que a pretensão reparatória deixa, em certos casos, de ser acolhida por não ter sido provado o dano. Em outros casos, o conflito de interesses, embora submetido ao judiciário, deixa de ser apreciado pelos tribunais em tempo oportuno porque a tramitação processual sequer ultrapassa a fase probatória em decorrência da não conclusão da prova pericial a ser produzida para aquele fim. Sempre que os danos ocorrem, mas não são reparados em virtude de não haverem sido provados, o Estado deixa de cumprir sua função de prestar justiça, à qual todos têm direito para composição satisfatória dos litígios, com prejuízos para a cidadania e para a dignidade da pessoa humana. (SAMPAIO, 2003, p. 201).

Com o novo Código de Processo Civil há um espaço argumentativo abrangente a balizar a distribuição ônus da prova. A fundamentação jurídica para esta inversão probatória se assenta na peculiaridade e importância do bem tutelado que é o direito ao meio ambiente ecologicamente equilibrado como garante da dignidade da pessoa humana.

Sobre o ônus da prova e sua inversão, tem-se que no direito civil brasileiro a regra é que o ônus da prova incumbe ao autor que deve demonstrar os fatos constitutivos de seu direito, cabendo ao réu o dever de demonstrar a existência de fatos modificativos, impeditivos e extintivos do direito alegado pelo autor. Na inversão do ônus da prova transfere-se ao demandado a necessidade de provar que este não tem nenhuma ligação com o dano, favorecendo, em última análise toda a coletividade, considerando que o bem ambiental pertence a todos. (MILARÉ, 2007).

No entanto, a regra do ônus da prova pode ser relativizada diante de determinadas situações, como ocorre no Código de Defesa do Consumidor que inverte expressamente o ônus da prova em seu art. 6º inciso VIII da Lei nº 8.078/1990.

Essa inversão se aplica também ao direito ambiental, sendo mais um instrumento de proteção ao meio ambiente uma vez que inverte a obrigação de provar que a atividade exercida pelo poluidor não é lesiva ao meio ambiente e beneficia toda a sociedade.

Assim, a inversão do ônus da prova encontra respaldo no princípio da precaução, pois sempre que o exercício de uma atividade esteja ligado a uma situação de risco desconhecido, uma incerteza jurídica, deve se aplicar a inversão do ônus da prova tendo o agente poluidor que provar que suas atividades não ensejam riscos ao meio ambiente, sob pena de ter suas atividades suspensas.

Quanto aos sujeitos responsáveis, nos termos do art. 3º inciso, IV da Lei nº 6.938/81, havendo mais de um agente poluidor, prevalece entre eles o vínculo e as regras da responsabilidade solidária que importa na responsabilidade de todos e de cada um pela totalidade dos danos ainda que não os tenha causado na sua integralidade.

4.4.4. Do administrador, das instituições financeiras, do seguro ambiental.

Cabe ainda refletir acerca da figura do administrador considerado como partícipe da degradação do meio ambiente, a ele podem ser imputadas responsabilidades pessoais (disciplinares, penal e civil) sem falar das consequências no terreno da improbidade administrativa. (CANOTILHO; LEITE, 2012).

Muito se tem dito sobre a possível responsabilidade das instituições financeiras, na concessão de empréstimos aos empreendedores cuja atividade possa causar danos ambientais. A caracterização da responsabilidade das instituições financeiras está no conceito de poluidor, que pode ser qualquer pessoa física ou jurídica de direito público ou privado que exerça de forma direta ou indireta a atividade causadora de degradação ambiental.

Quando a personalidade jurídica constituir obstáculos para o ressarcimento de prejuízos causados ao meio ambiente, é possível a sua desconsideração com o objetivo de atingir diretamente o sócio administrador, como muito ocorre no Direito do Consumidor.

A teoria menor da desconsideração da personalidade jurídica na proteção do meio ambiente tem sido mais utilizada, desconsidera-se de forma objetiva sem se perquirir eventual conduta culposa dos sócios administradores na ocorrência do dano, abdica-se da personalidade jurídica quando verificada a insolvência desta ao pagamento dos danos causados ao meio ambiente, com alcance direto ao patrimônio dos sócios administradores para arcarem com os danos causados.

O seguro ambiental garante a disponibilidade dos recursos financeiros necessários à repristinação total do dano causado ao ambiente. Guarda em si, de forma equilibrada, o atendimento das obrigações reparatórias e indenizatórias de parte do agente poluidor, e, ao mesmo tempo, possibilita, com as devidas correções, a continuidade da atividade empresarial. (MILARÉ, 2007).

A prática tem demonstrado que no Brasil seguro ambiental aparece timidamente como um apêndice do Seguro de Responsabilidade Civil Geral, para a cobertura apenas dos danos decorrentes da chamada "poluição súbita ou inesperada", de menor custo e exigências mais modestas do que o seguro específico da "poluição contínua", de maior valor e carente sempre de um rigoroso diagnóstico ambiental a que poucos estão efetivamente preparados. (MILARÉ, 2007).

De qualquer modo, o seguro ambiental, ao ser instituído deve guardar pertinência com o porte, a natureza, a localização e as características do empreendimento, que se refletem sobre a potencialidade de dano. (MILARÉ, 2007).

Em relação à responsabilidade civil do profissional tem-se que os estudos necessários ao licenciamento ambiental deverão ser realizados por profissionais legalmente habilitados, sendo estes responsáveis pelas informações apresentadas, sujeitando-se às sanções administrativas, civis e penais. O profissional deve ser habilitado e presume-se que em tais profissionais haja atenção, perícia, objetividade, prudência. (MILARÉ, 2007).

Não há se cogitar de responsabilidade objetiva dos profissionais que, por falha humana ou técnica, tenham colaborado para o desencadeamento do evento danoso, mesmo porque isso implicaria investigação de conduta culposa circunstância que não se afeiçoa com o sistema da objetivação da responsabilidade que rege a matéria ambiental. "Fica ressalvado ao empreendedor, é claro, voltar-se regressivamente contra o causador do dano, alcançando, inclusive, o profissional que eventualmente tenha se excedido ou se omitido no cumprimento da tarefa a ele cometida." (MILARÉ, 2007, p. 911).

Dessa forma, as principais questões afetas à responsabilidade civil ambiental foram postas em discussão. Em síntese, destaca-se o acatamento dos julgadores pela aplicação da responsabilidade objetiva com fulcro na teoria do risco integral, não se admitindo, portanto, a incidência das excludentes de responsabilidade. A posteriori analisar-se-á de forma crítica e reflexiva acerca da adequação e fundamentação desta teoria.

4.4.5. Um novo olhar para o nexo causal

O nexo causal pode ser conceituado como o liame que une o dano ao seu responsável, trata-se de elemento da responsabilidade civil. "Nexo causal é relação de causa e efeito entre a conduta culpável do agente e o dano por ela provocado." (FIÚZA, 2010, p. 744). No âmbito do direito ambiental, sua constatação e obrigatoriedade é objeto de vários embates teóricos e doutrinários que, em geral, divergem em seu sentido. Ora advoga-se pela obrigatoriedade da prova do nexo causal, ora defende-se a sua flexibilização e até mesmo sua ausência. "Para evitar que certos danos fiquem sem indenização advoga-se a flexibilização do nexo causal." (FARIAS; BRAGA NETTO; ROSENVALD, 2015, p. 901-902).

Além disso, o estabelecimento do liame de causalidade no Direito Ambiental é frequentemente de grande dificuldade, pois a relação entre o responsável e a vítima, raramente direta e imediata, passa por intermediários do ambiente, receptores e transmitentes da poluição. (SILVA, 2011).

Os fatos da poluição, por sua complexidade, permanecem muitas vezes camuflados não só pelo anonimato, como também pela multiplicidade de causas, das fontes e de comportamentos, seja por sua tardia consumação, seja pelas dificuldades técnicas e financeiras de sua aferição, seja, enfim, pela longa distância entre a fonte emissora e o resultado lesivo, além de outros tantos fatores. (MILARÉ, 2007).

No tocante ao estabelecimento do nexo causal, "as perplexidades são grandes, derivadas, em boa medida, de uma atuação em rede de múltiplas causas." (FARIAS; BRAGA NETTO; ROSENVALD, 2015, p. 901). Ou, em outras palavras: "Se lidamos na matéria com causas concorrentes, simultâneas e sucessivas, é certo que teremos dificuldades enormes em delinear o nexo causal." (FARIAS; BRAGA NETTO; ROSENVALD, 2015, p. 903). Sobre a aplicação de probabilidades e a possibilidade de flexibilização do nexo causal em prol da proteção do bem ambiental:

> Em determinadas situações danosas-como algumas decorrentes de atividades de risco; e as geradoras de dano de massa- seja concedida ao magistrado a faculdade de considerar a configuração de um dever reparatório independentemente da prova estrita da existência de um nexo de causalidade ligando o dano à conduta ou atividade desenvolvida. Haveria assim, e verdadeiramente, um juízo de probabilidade a ser realizado pelo magistrado, admitido em consideração aos princípios informadores do direito de danos atual, decorrentes de princípios constitucionais e objetivando a plena reparação do dano injusto. (FARIAS; BRAGA NETTO; ROSENVALD, 2015, p. 903).

Tem-se defendido que a responsabilidade civil ambiental caracteriza-se por incidir sobre aquele que é mais capaz de suportar os ônus decorrentes da ação prejudicial ao meio ambiente. Trata-se da doutrina do *deep pocket doctrine* (doutrina do bolso profundo) (FARIAS; BRAGA NETTO; ROSENVALD, 2015).

Existe a responsabilidade solidária entre o agente financeiro, o construtor de imóvel e o incorporador, por empreendimentos construídos sobre terrenos contaminados ou em áreas que, por força de lei ou outro ato normativo, sejam considerados como *non aedificandi*. A jurisprudência já decidiu que quem se beneficia da degradação ambiental alheia, a agrava ou lhe dá continuidade não é menos degradador. Por isso, o legislador se encarrega de responsabilizar o novo proprietário pela cura do mal feito do seu antecessor. Isso vale para o desmatamento, para a poluição das águas e a erosão do solo (FARIAS; BRAGA NETTO; ROSENVALD, 2015). A Jurisprudência sinaliza neste sentido:

> PROCESSUAL CIVIL E AMBIENTAL. AÇÃO CIVIL PÚBLICA. AUSÊNCIA DE PREQUESTIONAMENTO. INCIDÊNCIA, POR ANALOGIA, DA SÚMULA 282 DO STF. FUNÇÃO SOCIAL E FUNÇÃO ECOLÓGICA DA PROPRIEDADE E DA POSSE. ÁREAS DE PRESERVAÇÃO PERMANENTE. RESERVA LEGAL. RESPONSABILIDADE OBJETIVA PELO DANO AMBIENTAL. OBRIGAÇÃO PROPTER REM. DIREITO ADQUIRIDO DE POLUIR. 1. A falta de prequestionamento da matéria submetida a exame do STJ, por meio de Recurso Especial, impede seu conhecimento. Incidência, por analogia, da Súmula 282/STF. 2. Inexiste direito adquirido a poluir ou degradar o meio ambiente. O tempo é incapaz de curar ilegalidades ambientais de natureza permanente, pois parte dos sujeitos tutelados – as gerações futuras – carece de voz e de representantes que falem ou se omitam em seu nome. 3. Décadas de uso ilícito da propriedade rural não dão salvo-conduto ao proprietário ou posseiro para a continuidade de atos proibidos ou tornam legais práticas vedadas pelo legislador, sobretudo no âmbito de direitos indisponíveis, que a todos aproveita, inclusive às gerações futuras, como é o caso da proteção do meio ambiente. 4. As APPs e a Reserva Legal justificam-se onde há vegetação nativa remanescente, mas com maior razão onde, em conseqüência de desmatamento ilegal, a flora local já não existe, embora devesse existir. 5. Os deveres associados às APPs e à Reserva Legal têm natureza de obrigação propter rem, isto é, aderem ao título de domínio ou posse. Precedentes do STJ. 6. Descabe falar em culpa ou nexo causal, como fatores determinantes do dever de recuperar a vegetação nativa e averbar a Reserva Legal por parte do proprietário ou possuidor, antigo ou novo, mesmo se o imóvel já

estava desmatado quando de sua aquisição. Sendo a hipótese de obrigação propter rem, desarrazoado perquirir quem causou o dano ambiental in casu, se o atual proprietário ou os anteriores, ou a culpabilidade de quem o fez ou deixou de fazer. Precedentes do STJ. 7. Recurso Especial parcialmente conhecido e, nessa parte, não provido. (BRASIL. STJ. REsp nº 948.921/SP. Rel. Min. Herman Benjamin, 2009).

4.5. Teorias do Risco

4.5.1. Teoria do Risco Criado

A teoria do risco criado, por sua vez, se funda no princípio de que, se alguém introduz na sociedade uma situação de risco ou perigo para terceiros, deve responder pelos danos que partiram desse risco criado (MILARÉ, 2011). Steigleder aponta que:

> Os defensores da teoria do risco criado admitem as excludentes, vislumbrando nelas a causa adequada da produção do dano, uma vez que haveria uma ruptura do nexo de causalidade entre a atividade do agente e o resultado [...]. As excludentes operam a exclusão do liame de causalidade, e não apenas da culpa. (STEIGLEDER, 2011, p. 181).

A responsabilidade somente será exonerada quando: o risco não foi criado, o dano não existiu, o dano não guarda relação de causalidade com aquele que criou o risco. (STEIGLEDER, 2011).

A Teoria do Risco Criado trata-se de modalidade de responsabilidade objetiva que prescinde da prova de culpa.

Esta teoria é consagrada pelo ordenamento jurídico brasileiro pelo artigo 927, parágrafo único do Código Civil por descrever a cláusula geral da responsabilidade objetiva no direito pátrio. A teoria do risco criado fundamenta-se na característica da sociedade de risco contemporânea, em que as atividades desenvolvidas, tanto as perigosas quanto uma atividade qualquer, podem levar à responsabilização caso causem danos.

Entretanto, a modalidade do risco criado admite, caso comprovadas, as excludentes de nexo causal. Nesta hipótese, o agente pode ser desobrigado de ressarcir ou ter o direito de regresso contra o verdadeiro causador do dano. Todavia, não é a teoria mais aplicada pelos tribunais de justiça pátrios em matéria de responsabilidade civil ambiental.

4.5.2. Teoria do Risco Integral

Ao seu turno, a adoção da teoria do risco integral, da qual decorre a responsabilidade objetiva, traz como consequência principal para que haja o dever de indenizar a prescindibilidade de investigação da culpa, a irrelevância da licitude da atividade e a inaplicação das causas de exclusão da responsabilidade civil. Advogam a teoria do risco integral: Édis Milaré, Antônio Herman Benjamin, Jorge Alex Nunes Athia, Sérgio Cavalieri Filho, Nelson Nery Júnior, Sérgio Ferraz. Adotam a teoria do risco criado: Toshio Mukai, Paulo de Bessa Antunes, José Alfredo de Oliveira Baracho Júnior.

Aderindo à teoria do risco integral está a presente decisão jurisprudencial proferida pelo Superior Tribunal de Justiça:

> RESPONSABILIDADE CIVIL POR DANO AMBIENTAL. RECURSO ESPECIAL REPRESENTATIVO DE CONTROVÉRSIA. ART. 543-C DO CPC. DANOS DECORRENTES DO ROMPIMENTO DE BARRAGEM. ACIDENTE AM-

BIENTAL OCORRIDO, EM JANEIRO DE 2007, NOS MUNICÍPIOS DE MIRAÍ E MURIAÉ, ESTADO DE MINAS GERAIS. TEORIA DO RISCO INTEGRAL. NEXO DE CAUSALIDADE.
1. Para fins do art. 543-C do Código de Processo Civil: a) a responsabilidade por dano ambiental é objetiva, informada pela teoria do risco integral, sendo o nexo de causalidade o fator aglutinante que permite que o risco se integre na unidade do ato, sendo descabida a invocação, pela empresa responsável pelo dano ambiental, de excludentes de responsabilidade civil para afastar sua obrigação de indenizar; b) em decorrência do acidente, a empresa deve recompor os danos materiais e morais causados e c) na fixação da indenização por danos morais, recomendável que o arbitramento seja feito caso a caso e com moderação, proporcionalmente ao grau de culpa, ao nível socioeconômico do autor, e, ainda, ao porte da empresa, orientando-se o juiz pelos critérios sugeridos pela doutrina e jurisprudência, com razoabilidade, valendo-se de sua experiência e bom senso, atento à realidade da vida e às peculiaridades de cada caso, de modo que, de um lado, não haja enriquecimento sem causa de quem recebe a indenização e, de outro, haja efetiva compensação pelos danos morais experimentados por aquele que fora lesado.2. No caso concreto, recurso especial a que se nega provimento. (BRASIL. STJ. REsp nº 1.374.284/MG. Rel. Min. Luiz Felipe Salomão, 2014).

José Afonso da Silva (2011) afirma que a tendência da doutrina é não aceitar as excludentes de responsabilidade (caso fortuito, força maior, proveito de terceiro, licitude da atividade, culpa da vítima), porque adotam a teoria objetiva com fulcro no risco integral. Há cinco consequências da adoção da responsabilidade objetiva nesse campo:

a) Irrelevância da intenção danosa (basta um simples prejuízo);

> b) Irrelevância da mensuração do subjetivismo (o importante é que no nexo de causalidade, alguém tenha participado, e, tendo participado, de alguma sorte, deve ser apanhado nas tramas da responsabilidade objetiva;
> c) Inversão do ônus da prova;
> d) Irrelevância da licitude da atividade;
> e) Atenuação do relevo do nexo causal. Basta que potencialmente a atividade do agente possa acarretar prejuízo ecológico para que se inverta imediatamente o ônus da prova, para que imediatamente se produza a presunção da responsabilidade, reservando, portanto, para o eventual acionado o ônus de procurar excluir sua imputação. (FERRAZ *apud* SILVA, 2011, p. 322).

Salienta-se que, segundo o sistema adotado pelo legislador, o poluidor é obrigado, independentemente de existência de culpa, a indenizar ou reparar os danos causados ao meio ambiente e a terceiros afetados pela sua atividade.

A licitude ou não da atividade desempenhada pelo poluidor não o desobriga de responder em casos de ocorrência dos danos ambientais. Mesmo estando devidamente licenciada e dentro dos padrões de emissão de poluentes traçados pelas autoridades administrativas competentes e tomando todas as precauções para evitar o dano ao meio ambiente, não teria o poder público o direito de conceder a agressão ao meio ambiente, assim, caso ocorra o dano em virtude da atividade desempenhada pelo poluidor este terá o dever de indenizar ou reparar o dano causado. Ainda sobre a responsabilidade objetiva integral:

> Na responsabilidade objetiva integral, não se trata, apenas, de flexibilizar o nexo causal: dá-se um passo além, prescindindo dele. Trata-se de hipótese de responsabilidade objetiva que tem como fundamento o risco da atividade. Sua aplicação, porém, é restrita

> e excepcional: exige-se que o dano guarde estreita conexão com a atividade-empresarialmente organizada- do ofensor. O dano, desse modo, é indenizável, não cabendo alegar fato de terceiro ou fortuito externo. Porém, para isso, é fundamental que o dano perfaça um risco típico da atividade desenvolvida. (FARIAS; BRAGA NETTO; ROSENVALD, 2015, p. 892).

No risco integral, mesmo não havendo nexo causal, a responsabilidade se impõe. A responsabilidade também é imposta mesmo quando presentes as excludentes de responsabilidade civil.

Parte da doutrina dirige severas críticas à aplicação da teoria do risco integral, pautam-se em sua ausência normativa a autorizar a sua utilização e afirmam que sua utilização implica na total amputação do nexo de causalidade, como expõem:

> Convém repetir: se formos coerentes com o conceito de risco integral, temos que abrir mão do nexo causal. É algo que se distancia dos pressupostos da responsabilidade civil- mesmo a contemporânea, que tem trabalhado, de modo progressivo, com flexibilizações e até presunções de nexo causal, mas não com sua amputação apriorística. Bem por isso, o risco integral só pode existir quando imposto pela Constituição ou pelas leis, com sólidas e proporcionais razões normativas. (FARIAS; BRAGA NETTO; ROSENVALD, 2015, p. 905).

As críticas não se findam aí, prosseguem e se assentam na ausência da fundamentação teórica e na base discursiva da teoria do risco integral, o que para o Direito é algo inadmissível considerando a sua formação hermenêutica e dialógica. Infelizmente, este cenário repercute nos julgamentos jurisprudenciais, formando um emaranhado de decisões repetidas, mas sem a devida fundamentação jurídico-teórica:

> Os livros, em geral, são lacônicos e não costumam se demorar no assunto. Alguns dos tradicionais cursos e manuais de direito ambiental não tomam posição na controvérsia, limitando-se a consignar que a responsabilidade civil ambiental é objetiva e solidária. Em outros livros, artigos ou decisões judiciais-, não é raro observar o seguinte caminho argumentativo: "a responsabilidade civil no direito ambiental brasileiro é objetiva e, portanto, filia-se à teoria do risco integral".[...]. Na verdade, percebe-se que muitos repetem o que leram em outras fontes, sem que nem sempre- obviamente que falamos de alguns, certamente não de todos, dentre os quais há juristas do mais alto quilate teórico- tenham meditado profundamente sobre o tema. (FARIAS; BRAGA NETTO; ROSENVALD, 2015, p. 906).

Há que se ponderar a aplicação da teoria do risco integral para todos os casos haja vista que nem todos se referem a grandes danos e nem seus causadores são grandes empresas. Ademais, pode ser imputada a responsabilidade por quem nem sequer lhe deu causa. Tais ocorrências maculam o que preconiza a Constituição no tocante à proporcionalidade e isonomia:

> Se afirmarmos que prevalece, entre nós, o risco integral, a discussão a respeito de causalidade deve ser afastada em toda e qualquer lide ambiental. Lembremos que nem sempre os ofensores são poderosos grupos econômicos, nem sempre os danos assumem essas proporções colossais. Podemos ter ofensores com escasso poderio econômico e pior: com nenhuma relação causal com o dano cuja indenização lhe é cobrada. Nosso projeto constitucional, inteligente e humanista, sempre se pauta em diferenciar situações que devem ser diferenciadas. Aliás, essa é a linha de tendência mais forte e mais louvável da responsabilidade civil do século XXI. (FARIAS; BRAGA NETTO; ROSENVALD, 2015, p. 908).

Para Cristiano Chaves Farias, Felipe Peixoto Braga Netto e Nelson Rosenvald "o fato que discutamos, acadêmica e jurisprudencialmente, nexo causal e inversões probatórias, mesmo nas demandas ambientais, só prova que não estamos diante de hipótese de risco integral." (FARIAS; BRAGA NETTO; ROSENVALD, 2015, p. 909). Assim, para os autores, na teoria do risco integral não se discute nexo de causalidade e nem a dinamização do ônus da prova.

Em tom conclusivo, Cristiano Chaves Farias, Felipe Peixoto Braga Netto e Nelson Rosenvald (2015) afirmam que o direito ambiental brasileiro não adota a teoria do risco integral, conforme as razões apontadas e discutidas acima.

4.5.3. Teoria da Responsabilidade Agravada

Um sentido de responsabilidade objetiva agravada pode ser encontrado nas palavras descritas abaixo:

> Na responsabilidade objetiva agravada o dano não é alheio ao risco criado pela atividade do responsável (há conexão entre o dano e a atividade desenvolvida). Podemos até falar, nesses casos, em desconsiderar o nexo causal. Mas para isso é fundamental que haja uma estreita relação entre o dano e a atividade desenvolvida pelo ofensor (responsabilidade objetiva agravada). Só assim seria justo e jurídico imputar algo tão grave – dever de indenizar sem nexo causal- a alguém. A responsabilidade objetiva agravada só pode ser aplicada quando o ofensor desempenhar atividades empresariais cujos riscos evidenciem potencial lesivo. (FARIAS; BRAGA NETTO; ROSENVALD, 2015, p. 909).

Aliás, é justamente de atividade que fala a Lei de Política Ambiental (Lei nº 6.938/81, art. 14, parágrafo 1º): "Sem obstar a aplicação das penalidades previstas neste artigo, é o poluidor obrigado, independentemente da existência de culpa, a indenizar ou reparar os danos causados ao meio ambiente e a terceiros, afetados por sua atividade." (BRASIL, 1981). Os danos, portanto, no direito ambiental, devem guardar relação com a atividade. (FARIAS; BRAGA NETTO; ROSENVALD, 2015, p. 911).

No risco integral responde-se por dano que não causou. Quanto maior for a desigualdade, maior deve ser a proteção da parte vulnerável.

> A excludente do fato de terceiro só poderá ser aplicada quando o ato praticado pelo terceiro for completamente estranho à atividade desenvolvida pelo indigitado poluidor, e não se possa atribuir a este, qualquer participação na consecução do dano- ato omissivo ou comissivo. (FARIAS; BRAGA NETTO; ROSENVALD, 2015, p. 912).

Para a teoria do Risco Agravado o agente causador do dano ambiental responde de forma objetiva. Resguardando-se a proteção da vítima e a reparação integral. Sua peculiaridade é que só pode ser aplicada quando o agente causador do dano desenvolver atividade empresarial cujos riscos evidenciem potencial lesivo. Sendo possível flexibilizar o nexo causal.

4.6. Deveres Jurídicos Ambientais do Poder Público

O Estado também responde por danos causados ao meio ambiente, não apenas como agente poluidor em razão de uma atividade desempenhada como, por exemplo, na construção de estradas, aterros sanitários, mas também responde quando se mantém omisso no seu dever constitucional de proteger e preservar o meio ambiente como, por exemplo, quando deixa de fiscalizar uma atividade poluidora e esta venha causar danos ao meio ambiente, neste caso, o Estado também responde solidariamente por ter se omitido no seu dever de fiscalizar. São três as formas de degradação ambiental por parte do Estado:

> Três formas de participação estatal na destruição ambiental:
> Estado empreendedor: ele próprio envolvido, sozinho ou em associação na construção de empreendimentos degradadores.
> Degradador indireto: quando apoia ou legitima projetos privados.
> Degradador omisso: o Estado despreza ou cumpre insatisfatoriamente suas obrigações de fiscalização e aplicação da legislação ambiental fraquejando na exigibilidade de instrumentos preventivos ou na utilização de mecanismos sancionatórios e reparatórios. (CANOTILHO; LEITE, 2012, p. 141).

José Afonso da Silva a respeito da solidariedade afirma:

> À responsabilidade por dano ambiental se aplicam as regras de solidariedade entre os responsáveis, podendo a reparação ser exigida de todos e de qualquer um dos responsáveis. Há até quem sustente que o Estado também é solidariamente responsável, podendo a ação dirigir-se contra ele, que, depois de reparar a lesão, poderá identificar e demandar regressivamente os poluidores. (Ferraz, Milaré, Nery Jr, Mancuso). (SILVA, 2011, p. 324).

Há que se ponderar que o artigo 37, parágrafo sexto, da Constituição Federal de 1988, só admite a responsabilidade objetiva de pessoas jurídicas de Direito Público por danos causados por seus agentes, nessa qualidade. Portanto, sua responsabilidade por danos de terceiros funda-se na culpa. Só quando ocorra omissão, negligência, imperícia, provadas, em relação à atividade causadora do dano ficam elas responsáveis pela sua reparação (SILVA, 2011).

Todavia, José Afonso da Silva (2011) reflete que esta posição não pode se sustentar haja vista o mandamento constitucional que impõe ao poder público o dever de defender o meio ambiente e de preservá-lo para as presentes e futuras gerações.

O Estado é o responsável primeiro pela tutela do meio ambiente. São fortes e intensas as cores que definem o seu dever na espécie. Trata-se o destinatário maior da prescrição constitucional de conservação ambiental. Não é só o Estado-sabemos- que agride o meio ambiente. Mas a ele cabe, de modo forte, agir, inclusive preventivamente, para que outros não o façam. O direito ambiental lida, também e tenta evitar-, com o velho problema que consiste na tentativa, por partes de poderes privados, de se apoderar dos bônus e partilhar os ônus. Em outras palavras, socializar os custos e privatizar lucros. (FARIAS; BRAGA NETTO; ROSENVALD, 2015).

Em questões ambientais, não há como tratar do Estado sem cuidar da sociedade civil. Há, na matéria, talvez mais do que em outras áreas, um dever solidário que impede que vejamos apenas esse ou aquele sujeito responsável pela tutela ambiental. Nesse contexto, não só o Estado, mas também particulares, pessoas naturais e jurídicas, além da coletividade, são co-obrigados no dever de não degradar o meio ambiente. O que pode variar, no caso, são os deveres positivos de prevenção e de informação, ordinariamente mais severos e fortes quando relativos ao Estado. (FARIAS; BRAGA NETTO; ROSENVALD, 2015).

O Estado, hoje, deve agir inclusive preventivamente, para evitar que lesões ocorram, à luz dos princípios da prevenção, precaução e eficiência. Ao Estado do século XXI não se tolera a indiferença ambiental. As políticas públicas, de modo vinculante e necessário, devem não só levar em conta a proteção ambiental, como optar, diante de múltiplas alternativas decisórias, por aquela que se mostre menos gravosa à natureza. (FARIAS; BRAGA NETTO; ROSENVALD, 2015). Sobre a responsabilidade do Estado:

> Qualquer que seja o dano ambiental envolvido, poderá haver, também e solidariamente, responsabilidade civil estatal se houve falha nos deveres estatais de proteção. O nexo causal deverá ser apurado. [...]. A responsabilidade estatal não deve ser bipartida, como se fosse objetiva para as ações e subjetiva para as omissões. (FARIAS; BRAGA NETTO; ROSENVALD, 2015, p. 918).

No caso de omissão de dever de controle e fiscalização estatal, tem-se pontuado que a responsabilidade ambiental solidária da administração é de execução subsidiária (com ordem de preferência). O Estado integra o título executivo sob a condição de dever-reserva, só podendo ser convocado a quitar a dívida se o degradador original não o fizer. (STJ, REsp 1.071.741). (FARIAS; BRAGA NETTO; ROSENVALD, 2015). Neste sentido o julgado colacionado abaixo:

> PROCESSUAL CIVIL, ADMINISTRATIVO E AMBIENTAL. ADOÇÃO COMO RAZÕES DE DECIDIR DE PARECER EXARADO PELO MINISTÉRIO PÚBLICO. INEXISTÊNCIA DE NULIDADE. ART. 2º, PARÁGRAFO ÚNICO, DA LEI 4.771/65. DANO AO MEIO AMBIENTE. RESPONSABILIDADE CIVIL DO ESTADO POR OMISSÃO. ARTS. 3º, IV, C/C 14, § 1º, DA LEI 6.938/81. DEVER DE CONTROLE E FISCALIZAÇÃO. 1. A jurisprudência predominante no STJ é no sentido de que, em matéria de proteção ambiental, há responsabilidade civil do Estado quando

a omissão de cumprimento adequado do seu dever de fiscalizar for determinante para a concretização ou o agravamento do dano causado pelo seu causador direto. Trata-se, todavia, de responsabilidade subsidiária, cuja execução poderá ser promovida caso o degradador direto não cumprir a obrigação, "seja por total ou parcial exaurimento patrimonial ou insolvência, seja por impossibilidade ou incapacidade, por qualquer razão, inclusive técnica, de cumprimento da prestação judicialmente imposta, assegurado, sempre, o direito de regresso (art. 934 do Código Civil), com a desconsideração da personalidade jurídica, conforme preceitua o art. 50 do Código Civil" (REsp 1.071.741/SP, 2ª T., Min.Herman Benjamin, DJe de 16/12/2010). 2. Examinar se, no caso, a omissão foi ou não "determinante" (vale dizer, causa suficiente ou concorrente) para a "concretização ou o agravamento do dano" é juízo que envolve exame das circunstâncias fáticas da causa, o que encontra óbice na Súmula 07/STJ. 3. Agravos regimentais desprovidos. (STJ - AgRg no REsp: 1001780 PR 2007/0247653-4, Relator: Ministro TEORI ALBINO ZAVASCKI, Data de Julgamento: 27/09/2011, T1 - PRIMEIRA TURMA, Data de Publicação: DJe 04/10/2011). Se o Estado se abstiver de proteger, de modo efetivo e adequado, determinado bem jurídico fundamental, a responsabilidade civil poderá se impor se o dano guardar relação causal com a omissão havida. (FARIAS; BRAGA NETTO; ROSENVALD, 2015, p. 919).

A participação indireta ganha singular força, e a omissão ou fiscalização deficiente do Estado pode ser bastante para fazê-lo responsável pela degradação ambiental. O Estado também pode ser solidariamente responsabilizado pelos danos ambientais provocados por terceiros, já que é seu dever controlar e impedir que aconteçam. (FARIAS; BRAGA NETTO; ROSENVALD, 2015).

A responsabilização solidária do Estado é, no caso, uma garantia para as vítimas, para a sociedade. Não pode, em terrível distorção, transformar o Estado em segurador universal do degradador. (FARIAS; BRAGA NETTO; ROSENVALD, 2015).

Conclui-se que o Estado desempenha papel protagonista na proteção e na responsabilização ambiental. Deve agir, portanto, de forma ativa e cautelosa no seu dever, sobretudo, quando das concessões de licenças e nas atividades de fiscalização. Pode lhe ser atribuída responsabilidade solidária.

4.7. O Desastre no Município de Mariana

Às 15 horas e 30 minutos do dia 5 de novembro de 2015, uma gigantesca barragem de rejeito de minério de ferro (Barragem do Fundão) rompeu inteira sobre o Vale do Rio Doce, destruindo praticamente tudo em três povoados situados logo abaixo dela: Bento Rodrigues, Paracatu de Baixo e Gesteira. Mais adiante, afetou a economia e o abastecimento de água em várias cidades: Governador Valadares, Resplendor, Colatina, Linhas e Regência, sendo que essa última estava na foz do Rio Doce. (DIEGUEZ, 2016).

O rompimento da barragem do Fundão ocorreu em Bento Rodrigues (subdistrito de Mariana). O distrito distava 35 km do centro da cidade. A barragem era administrada conjuntamente pela Samarco Mineração S. A., pela Vale S. A. e pela anglo-australiana BHP Billinton (algumas das maiores mineradoras do mundo). A região de Mariana tem extensas minas de minério de ferro. Os rejeitos do Fundão passaram por cima da barragem de Santarém. (DIEGUEZ, 2016).

O desastre ambiental chegou a 230 municípios mineiros da bacia do rio Doce, muitos dos quais já dependiam da água para abastecimento. Os rejeitos chegaram ao Oceano

Atlântico, onde supõe-se que impactaram a tartaruga de couro e uma espécie de água viva que só se reproduzem naquela região. Os efeitos serão sentidos por 100 anos, mas é apenas uma estimativa. Mariana calculou, por alto, que os danos são da ordem dos 100 milhões de reais. (DIEGUEZ, 2016).

As barragens do Fundão e de Santarém recebiam rejeitos da mina Germano, situada no distrito de Santa Rita Durão, também do município de Mariana. A barragem de Fundão rompeu porque seu reservatório chegou ao limite. Ela já passava por um processo de elevação do aterro de contenção, pois já apresentava evidentes problemas. (DIEGUEZ, 2016).

O primeiro vazamento ocorreu na tarde do dia 5 de novembro de 2015. Uma equipe de terceirizados foi enviada ao local e buscou esvaziar parte do reservatório. O rompimento total ocorreu por volta de 16 h e 20 minutos, lançando uma grande enxurrada de lama que destruiu o vale do Santarém, atingindo também Bento Rodrigues, cidade situada a 2,5 quilômetros vale abaixo. Outros vilarejos e distritos situados no vale do rio Gualaxo foram também devastados pela enxurrada. (DIEGUEZ, 2016).

Bento Rodrigues não contava com um plano de contingência e ficou totalmente isolada. O acesso foi realizado apenas por via aérea, o que fez com que os moradores ilhados ficassem uma noite inteira isolados. Não existiam rotas de fuga para as regiões mais altas. Os rejeitos também atingiram a Usina Hidrelétrica Risoleta Neves. Governador Valadares teve de interromper a captação de água do Rio Doce no dia 9 de novembro, causando Estado de Calamidade Pública. No dia 13, o exército montou um ponto de distribuição gratuita de água fornecida pela Samarco. (DIEGUEZ, 2016).

O município de Baixo Guandu, no Espírito Santo, também teve que suspender o abastecimento no dia 16 de novembro, momento em que a onda de rejeitos chegou. O impacto sobre a fauna do Rio Doce foi grande: cerca de 11 espécies de peixes estavam ameaçadas de extinção e outras 12 só ocorrem na região, podendo ter sido extintas. A lama afetará milhares de espécies da flora e da fauna marinhas. (DIEGUEZ, 2016).

Pode-se supor que os garimpos ilegais situados ao longo do rio Gualaxo do Norte, ao serem afetados, levaram valores inaceitáveis de arsênio, chumbo e mercúrio. A Samarco negou que a lama seja tóxica, mas há controvérsias, pois foram encontrados metais pesados em alguns pontos do leito do Doce e de vários outros rios da região, mas os pesquisadores alegaram que os níveis estão como os de 2010. Os sedimentos costumam conter compostos usados para tratar o minério de ferro e são tóxicos para organismos aquáticos. Igualmente, eles não se misturam à água, assim alteram o PH da água e do solo. (DIEGUEZ, 2016).

A lama, ao secar, dificulta a agricultura e pode alterar o curso da bacia do Rio Doce. A grande concentração de sedimentos na água impede os peixes de respirarem, uma vez que diminui a quantidade de oxigênio dissolvido na água. Os peixes, então, morreram asfixiados. A Agência Nacional de Águas (ANA) e o Serviço Geológico do Brasil não consideraram a água do Rio Doce contaminada por metais tóxicos. A água precisa ser tratada, mas, depois disso, ainda poderia ser consumida sem riscos para a saúde humana. (DIEGUEZ, 2016).

O Rio Doce já sofria os efeitos do desmatamento. Em alguns lugares, uma lancha para dois corria o risco de encalhar. Foram construídas barragens, havia assoreamento, assim como a introdução de espécies exóticas e a pesca predatória, fatores que já estavam causando enormes danos. (DIEGUEZ, 2016).

Existia, também, o problema das secas extremas, causando diminuição do volume de água do Rio Doce. Foi feito um grande esforço para salvar a fauna na região. A Samarco teve sua licença ambiental suspensa, o que gerou enorme impacto na economia de Mariana, com queda de arrecadação e perdas no comércio, o que causou uma manifestação de moradores a favor da volta da atuação da mineradora. (DIEGUEZ, 2016).

O que houve em Mariana não foi acidente: o Ministério Público de Minas Gerais já tinha se oposto ao licenciamento da barragem. Houve, pois, erro no monitoramento e negligência. Além da mina Germano, a barragem do Fundão também recebia rejeitos da barragem de Alegria, o que fazia com que os rejeitos aumentassem significativamente. O Ministério Público pediu a prisão do presidente da Samarco, Ricardo Vescovi, assim como abriu inquérito contra a Samarco, alegando lesão de interesse federal. (DIEGUEZ, 2016).

Ao menos três comissões especiais estão julgando o caso, mas os parlamentares envolvidos receberam doações do grupo Vale para suas campanhas eleitorais. (DIEGUEZ, 2016).

O Ibama aplicou multas que totalizaram, para a Samarco, 250 milhões de reais. O valor de 50 milhões é um teto máximo. O desastre levantou o questionamento sobre esse teto, que poderia ser aumentado. A explosão da plataforma *Deepwater Horizon* em 2010 no Golfo do México custou à empresa britânica BP uma multa de 18, 7 bilhões de dólares. Ricardo Vescovi, presidente licenciado da Samarco, pediu desculpas no programa Fantástico. A prefeitura de Mariana passou a focalizar o resgate e o auxílio aos atingidos, que, praticamente, lotaram os hotéis em Mariana. (DIEGUEZ, 2016).

Existem ao menos dois documentários sobre o desastre: Rio Doce: 60 dias depois, registrado pela atriz Gorete Milagres e Rastro de Lama, das paulistas HelenaWolfenson e Aline Lata. (DIEGUEZ, 2016).

Buscou-se jurisprudência em acidentes como o do Golfo do México, quando grandes quantidades de petróleo destruíram a pesca na região do sul dos Estados Unidos, assim como poluíram praias, destruíram a vida dos habitantes e de boa parte da fauna marinha. No entanto, o acidente de Mariana é único dessa natureza no mundo.

O que é preocupante que a região de Rio Acima, próxima a Belo Horizonte, já está planejando uma barragem de rejeitos semelhante, ameaçando o Rio das Velhas, rio que hoje abastece Belo Horizonte. Rodrigo Leste, no *Suplemento Literário de Minas Gerais*, comentou que doze novas barragens de rejeitos são construídas a cada ano, somente em Minas Gerais. A respeito disso, explicou o Ministério Público Federal:

> As empresas Vale S. A. e BHP Billiton Brasil LTDA. figuram no polo passivo da presente demanda pelo fato de ostentarem, a primeira, a condição de poluidora direta e indireta, e a segunda de poluidora indireta, conforme demonstrado. Entretanto, levando em consideração a capacidade financeira da empresa Samarco Mineração S. A. de arcar com todos os custos relativos à reparação, compensação e indenização dos danos ambientais e sociais causados, uma que possui patrimônio líquido pouco superior a R$ 4 bilhões, ou seja, bastante inferior ao valor projetado da presente demanda, também devem as empresas VALE S. A. e BHP Billinton Brasil Samarco Mineração S. A., como forma de garantir a recomposição dos danos, por meio do instituto da desconsideração da personalidade jurídica. (BRASIL, 2016, p. 159).

Os danos foram enormes, com perdas de vidas, mas as vítimas também relataram destruição das casas, momentos de pânico e desespero, assim como a perda de todo um estilo de vida: casa, bens, pessoas conhecidas, o próprio ambiente em que se vivia, etc. Como explicou o Ministério Público Federal, as empresas precisam dar apoio aos atingidos, prestando auxílio pecuniário de emergência, adotando medidas de proteção social, assim como garantia de direitos sociais básicos. (BRASIL, 2016).

Os danos afetaram milhares de pessoas. Existem direitos fundamentais previstos na Constituição Federal, tais como o direito de propriedade, à moradia, à terra, ao trabalho, à proteção da maternidade, infância e alimentação que foram flagrantemente aviltados pela ocorrência do desastre. (BRASIL, 2016).

O desastre da barragem de Mariana, com certeza, é um dos maiores do mundo e o maior desastre ambiental já acontecido no Brasil. O que caracteriza algo tão excepcional é a enormidade dos danos ocorridos.

A tragédia de Mariana já tem história: poetas como Dantas Mota, Carlos Drummond de Andrade[4], Henriqueta Lisboa e outros já falavam, décadas atrás, da destruição ambiental causada pela degradação de picos como Cauê e Conceição. O dinheiro e os interesses, como sempre, fazem com que nossas montanhas sejam exploradas e transferidas em trens para outros países.

Anos atrás, a questão da mina de Morro Velho foi tematizada: depois do fechamento da mina, a cidade de Nova Lima tornou-se cidade dormitório. Outros problemas que Minas está enfrentando são questões tais como a exploração sem limite da água mineral no sul do estado e do nióbio em Araxá.

A atitude da Samarco foi de irresponsabilidade e negligência, ferindo a responsabilidade civil ambiental. O que aconteceu em Mariana foi uma tragédia que poderia ser evitada, com a devida aplicação dos princípios e da legislação ambiental. A pequena comunidade de Bento Rodrigues, situada ao lado da barragem, nunca soube do risco que corria. Para chegar às supostas responsabilidades, será preciso chegar às causas do acidente. Desde 2009, a barragem do Fundão apresentou problemas de drenagem, com o surgimento de um vazamento. Em 2010 e 2012 surgiram vazamentos cada vez mais sérios, mas foram reparados.

A Samarco, no entanto, cancelou em 2012 o contrato que tinha com a empresa Pimenta de Ávila e decidiu fazer uma obra na estrutura da barragem por conta própria. A obra

---

4 O poema Itabira, de Drummond, reflete sobre a mineração: "Cada um de nós tem seu pedaço no pico do Cauê / Na cidade toda de ferro / as ferraduras batem como sinos. / Os meninos seguem para a escola. / Os homens olham para o chão. /Os ingleses compram a mina. / Só, na porta da venda, Tutu Caramujo cisma na derrota incomparável." (ANDRADE, 2016).

foi realizada de forma a suportar maior quantidade de rejeitos, mas esta não foi informada aos órgãos ambientais do estado. Os problemas aumentaram desde então. Em 2015 houve dois problemas nas margens da barragem, na margem esquerda e na direita. Esse é o maior risco para uma barragem de rejeitos, pois o surgimento de água dentro dela faz com que o rejeito vire lama. A Polícia Civil supõe que a barragem toda foi inundada, ou seja, todos os rejeitos viraram lama e desmancharam.

A barragem de rejeitos, a chamada Barragem do Fundão, era uma grande montanha de rejeitos. Bento Rodrigues, situada logo abaixo, nunca foi capacitada com sirenes que poderiam ter salvado as vidas de dezenove pessoas mortas no desastre ambiental. Consuelo Dieguez relata o momento e os dias seguintes em que a barragem se abriu:

> Quando as comportas se abriram, a onda desceu com força de catarata. Um mingau espesso da cor de mertiolate, impregnado de rejeito de minério, avançou pelo rio doce, eliminando a vida existente: peixes, algas, micro-organismos, capivaras que passeavam nas margens, além de toda a vegetação ao redor, que desapareceu como se cortada por uma lâmina. Ao contaminar o rio, a lama, numa reação em cadeia, afetou toda a bacia do Doce, uma região de 86 mil quilômetros quadrados, território semelhante ao da Áustria. No total, 228 municípios foram impactados pelo desastre. Naqueles primeiros dias, seis deles seriam dramaticamente atingidos. (DIEGUEZ, 2016, p. 23).

Governador Valadares tinha uma estreita relação com o rio Doce, sendo a única cidade brasileira a ter uma medalha olímpica de remo. O rio, no entanto, prosseguia sendo maltratado com esgoto sem tratamento. (DIEGUEZ, 2016).

A Barragem do Fundão tinha o dobro da extensão do aeroporto de Congonhas. Ali cabiam cerca de 55 milhões de metros cúbicos de rejeito mineral, equivalente a dez vezes o volume da Lagoa Rodrigo de Freitas, lagoa situada na Zona Sul carioca. (DIEGUEZ, 2016).

    O potencial de devastação da barragem sempre foi enorme. As mineradoras precisavam ter estratégias de emergência para a eventualidade de suas barragens romperem, ou seja, um plano de contingência. A Samarco, no entanto, nunca imaginou que isso pudesse acontecer e não instalou diques ou sirenes no possível caminho da lama. O plano, que chegou a ser pensado, foi engavetado para reduzir custos. A perda de vidas era evitável, mas, depois do acidente, foi inevitável. Quando a barragem rompeu, dos 466 trabalhadores que estavam na empresa na hora do acidente, catorze desapareceram, contando os terceirizados. (DIEGUEZ, 2016).

    Nunca um acidente de tal dimensão aconteceu no mundo, nunca uma barragem inteira tinha se desmanchado assim, embora existam acontecimentos análogos. Como explica Consuelo Dieguez sobre a responsabilidade da Samarco:

> Por determinação dos órgãos ambientais, as mineradoras devem apresentar anualmente um laudo comprovando a segurança de suas barragens. Cabe às companhias contratar consultorias que atestem a estabilidade. No caso da Samarco, a contratada era a VOGBR, emitiu um parecer atestando a segurança de Fundão. Ou seja, o fiscal era o próprio construtor –um conflito de interesse clássico. Quando Bustamante perguntou a Loures se ele analisara a área onde havia sido feito o recuo, ele respondeu que não, não viu necessidade. O técnico também alegou desconhecer as recomendações de Pimenta de Ávila para aumentar o número de piezômetros naquela parte da estrutura. E ainda sustentou que tampouco fora informado da necessidade de leitura diária do nível de água naquela área. O delegado me disse não

entender como a VOGR pôde atestar a estabilidade de Fundão, dadas as inúmeras falhas na estrutura da barragem. (DIEGUEZ, 2016, p. 24).

Há, portanto, evidências de que a Samarco violou o princípio da precaução, agindo de forma a causar um grande dano ao meio ambiente, uma grande degradação que, tomadas as medidas cautelares, poderia ser evitada. Bastava mais cuidado na preservação da barragem, segundo estudos prévios a respeito do dano ambiental. As empresas pareciam, em todo o drama, não ter a exata medida da destruição que causariam. Um exemplo é que as negociações do Ministério Público com a Samarco e a Vale continuavam enquanto a barragem prosseguiu vazando rejeitos. E isso depois do acidente de Mariana, conforme explicou Consuelo Dieguez na *Revista Piauí*:

> Os representantes do Ministério Público federal e estadual abandonaram as negociações logo de cara. O procurador federal de Minas Gerais, Eduardo Henrique Aguiar, explicou, numa conversa que tivemos no começo de abril, as razões da saída do MP – a principal delas teria sido o fato de o vazamento continuar enquanto as discussões ocorriam. À época das negociações em Brasília, a Samarco não havia apresentado um plano de contenção da lama remanescente na barragem, o que só ocorreria no dia 13 de janeiro. No entanto, quando entrevistei o procurador Aguiar, cinco meses após o desastre, ele me disse que a empresa ainda não havia resolvido o problema. "Estamos em abril e a barragem continua vazando. Isso é inaceitável." Apesar da reação ao MP, o acordo foi homologado pela Justiça no dia 5 de maio. (DIEGUEZ, 2016, p. 25).

Pode-se dizer que o Estado de Minas Gerais sempre teve responsabilidade indireta na tragédia, uma vez que participou do processo de licenciamento e fiscalização deficiente que terminou no rompimento da barragem, assim como no acidente ambiental. Como levantou o Ministério Público Federal:

> Nos autos do processo 00016.1984.054.2006, o COPAM concedeu à SAMARCO licença prévia n. 006, de 26/04/2007 (Doc. 56), para planejamento da construção da barragem do Fundão, tendo ocorrido manifestação favorável do IGAM e do IEF, respectivamente, para fins de outorga do uso de recursos hídricos (Portaria 335/2007) e autorização de supressão florestal (Doc. 57). (BRASIL, 2016, p. 171).

Igualmente, o Ministério Público Federal, através da procuradoria da república nos estados de Minas Gerais e Espírito Santo, formou uma força-tarefa do Rio Doce.

É importante, então, que as atitudes sejam executadas a contento. Deve-se cobrar a execução das atitudes e até mesmo do Poder Público diante da responsabilidade solidária em decorrência do evento.

Diante do contexto atual, pode-se dizer que a Samarco é o degradador original e que ela deve sofrer a imposição do princípio poluidor/pagador. Os entes públicos que detêm competências ambientais possuem o dever legal de evitar a concorrência de danos ambientais. Como no caso, esses danos ocorreram em grande monta, cabendo ao Poder Público adotar as medidas necessárias para mitigar os danos, assim como recuperar e compensar os danos ambientais. Isso implica nas chamadas responsabilidades prospectivas.

Um rompimento tão sério quanto a Barragem do Fundão não teria ocorrido se não se somassem a omissão do Poder Público com a desobediência da empresa em questão aos princípios, tais como o princípio do risco. Evidentemente, as atividades não estavam sendo desenvolvidas dentro dos parâmetros de segurança que fossem capazes de impedir a ocorrência do maior desastre ambiental do país. Como muito bem definiu o MPF:

> O estado brasileiro tinha o dever de evitar a ocorrência desse dano e sua omissão guarda inegável nexo de causalidade com o resultado danoso verificado. A omissão e ação estatais, consistentes na ausência de efetivo exercício do poder de polícia, bem como na emissão de licença ambiental que autorizou o exercício da operação da barragem, caracterizam sua responsabilidade indireta, de natureza também objetiva, com fundamento na circunstância de a Constituição Federal estabelecer como dever do Estado a defesa do meio ambiente e sua preservação para as presentes e futuras gerações. (BRASIL, 2016, p. 170).

Verificou-se, portanto, que existiu alta de organização e de articulação entre os principais responsáveis pela condução da Política Nacional de Segurança de Barragens, o que é ordenado pela Lei Federal de 12.334/2010. (BRASIL, 2016).

A matéria de Consuelo Dieguez sobre o acidente de Mariana traz uma passagem muito curiosa e que trata efetivamente do que é pensar valores, pois é bastante ilustrativa. O fotógrafo Gustavo Nolasco fez um jornal para que os moradores de Bento Rodrigues pudessem externar suas dores. O resultado foi o seguinte:

> Nolasco pediu que escrevessem sobre o que eles gostariam de levar do antigo Bento Rodrigues para o novo, a ser construído pela Samarco. A lista é uma reflexão sobre o desbaratamento do fluxo da vida. Eis o que escreveram: as serenatas, a escada de pedra, o pé de esponjeira, os vizinhos, as igrejas, o banco de pedra da praça, a praça, o cemitério, a brincadeira na rua, as cachoeiras, a vida livre. (DIEGUEZ, 2016, p. 24).

Acontecimentos como o desastre de Mariana mostram que o ser humano tem imenso poder sobre a natureza e precisa da responsabilidade para controlar o seu poder para evitar desastres. Desastres como rompimento de barragens e deslizamentos como o de Petrópolis são, mais e mais, mostra de que o Brasil entrou na era dos desastres ambientais. (DIEGUEZ, 2016).

É nesse sentido de reparação dos danos é que entra a questão da responsabilidade civil ambiental, no caso a responsabilidade independente do dolo e culpa, ou seja, objetiva. Essa responsabilidade leva a pensar no caso da Samarco com relação à barragem de Mariana: há uma necessidade de reparar o ato danoso e será mesmo possível?

No caso da Samarco, há evidências de que o fato se enquadra no caso em que houve negligência ou imprudência no armazenamento de uma lama constituída de rejeitos tóxicos. Fora que o rompimento da barragem redundou em destruição do meio ambiente, de um povoado quase todo e a poluição do Rio Doce, responsável pelo abastecimento de água de cidades inteiras no decorrer do seu vale. A responsabilidade da qual tratamos é a responsabilidade ambiental. O conceito de meio ambiente foi muito bem definido na Lei nº 6.938/81:

> Art. 3º - Para os fins previstos nesta Lei, entende-se por:
> I - meio ambiente, o conjunto de condições, leis, influências e interações de ordem física, química e biológica, que permite, abriga e rege a vida em todas as suas formas;
> II - degradação da qualidade ambiental, a alteração adversa das características do meio ambiente;
> III - poluição, a degradação da qualidade ambiental resultante de atividades que direta ou indiretamente:
> a) prejudiquem a saúde, a segurança e o bem-estar da população;
> b) criem condições adversas às atividades sociais e econômicas;
> c) afetem desfavoravelmente a biota;
> d) afetem as condições estéticas ou sanitárias do meio ambiente;

e) lancem matérias ou energia em desacordo com os padrões ambientaisestabelecidos;
IV - poluidor, a pessoa física ou jurídica, de direito público ou privado, responsável,direta ou indiretamente, por atividade causadora de degradação ambiental;
V - recursos ambientais, a atmosfera, as águas interiores, superficiais e subterrâneas,os estuários, o mar territorial, o solo, o subsolo e os elementos da biosfera. (BRASIL, 1981).

Aqui, articula-se o conceito de responsabilidade e o dever de se operar a reparação, conjugada com a ideia de defesa do meio ambiente, conceito esse que foi abordado no primeiro capítulo deste trabalho e que agora tem que ser entrelaçado à ideia de meio ambiente, para se pensar o que a Samarco deve à sociedade. Além da responsabilidade civil, há que se apurar, também, a da esfera penal e administrativa.

A responsabilidade social das empresas surgiu fortemente nos anos 90, quando as políticas neoliberais desempregaram e trouxeram miséria aos países do terceiro mundo, ciclo que ainda não foi superado até hoje. (BRASIL, 2016).

Em primeiro, fala-se de meio ambiente e a respeito do debate sobre a seguridade social.O meio ambiente está ligado à saúde e isso fica claro no artigo 196[5] da Constituição Federal de 1988, que prevê textualmente: "Art. 200, inciso VII: colaborar na proteção do meio ambiente, nele compreendido o do trabalho." (BRASIL, 1988).

Já o capítulo VI da Constituição de 1988 trata diretamente da temática do Meio Ambiente, declarando que todos têm

---

5 Art. 196. A saúde é direito de todos e dever do Estado, garantido mediante políticas sociais e econômicas que visem à redução do risco de doença e de outros agravos e ao acesso universal e igualitário às ações e serviços para sua promoção, proteção e recuperação.
[...]
Art. 200. Ao sistema único de saúde compete, além de outras atribuições, nos termos da lei: VIII - colaborar na proteção do meio ambiente, nele compreendido o do trabalho. (BRASIL, 1988).

direito ao meio ambiente ecologicamente equilibrado. O poder público precisa assegurar esse direito, preservando a diversidade, garantindo a saúde e a própria existência dos ecossistemas.

A questão do rompimento da Barragem contaminou um bem natural muito importante: a água do Rio Doce. Ora, a água do Rio Doce é a que abastece muitas cidades ao longo de seu vale. A região já estava precisando de carros-pipa em algumas cidades, assim como já se observava desertificação em áreas do Norte de Minas. Igualmente, cidades de certo porte como Governador Valadares dependem, para seu abastecimento, da água do Rio Doce. E agora essa água está poluída. Como se pode ler na matéria da *Folha Vitória*:"O Serviço Autônomo de Água e Esgoto (SAAE) de Baixo Guandu divulgou o resultado da análise, feita pelo laboratório Tommasi, da água coletada em três pontos diferentes ao longo do rio Doce, na última terça-feira (10)". (ANÁLISE..., 2015).

A primeira coleta, feita na altura do município de Galileia (MG), mostrou uma água de transparência límpida. A segunda foi feita a 10 quilômetros de Governador Valadares, já com aparência turva (suja). No entanto, segundo o SAAE de Baixo Guandu, a análise mostrou que ambas as amostras estão dentro dos padrões de turbidez permitidos para tratamento e consumo. A terceira amostra, coletada no rio Doce no Centro de Valadares, traz índices alarmantes de elevação nos níveis toleráveis de vários metais analisados, como arsênio, bário, chumbo, cobre, mercúrio, níquel e outros, que em excesso, são nocivos à saúde humana. (ANÁLISE..., 2015).

Segundo a ONU, a água contaminada mata um milhão e oitocentas mil crianças por ano, contaminação provocada basicamente por esgotos domésticos e industriais, assim como por agrotóxicos ou contaminação por bactérias e microrganismos. A diarreia é uma das doenças mais recorrentes e que é fruto, com frequência, da água contaminada. (DIEGUEZ, 2016).

Outro problema é que a contaminação segue tornando a água imprópria para o consumo. Muitos governos não perceberam a gravidade da ação, por isso, nada fazem para superar o problema. (DIEGUEZ, 2016).

Ao contrário do que muitos pensam, a água é um bem natural não-renovável. A água doce é uma parcela muito pequena da água circulante no planeta. E dessa, a água para consumo é uma parcela ainda menor. (DIEGUEZ, 2016).

Em alguns países do mundo, tal como Israel, a água é motivo de conflito entre o país e outros povos tais como palestinos e sírios. O Brasil tem uma boa porcentagem da água doce do mundo, elemento essencial para o desenvolvimento industrial. Essa riqueza será cobiçada e precisará ser melhor administrada nos anos que virão. (DIEGUEZ, 2016).

Os danos foram sérios tanto para as populações ribeirinhas quanto para populações nativas como os índios Krenak. Igualmente, a flora e a fauna na região sofreram grande impacto. A fauna no mangue, na foz, igualmente foi impactada. Houve enorme mortandade de peixes no Rio Doce. As áreas estuarina, costeira e marinha foram impactadas. O pescador José Francisco Abreu disse a respeito do desastre: "Na agonia de achar oxigênio, os peixes subiram barrancos, rãs fugiram da água. Tinha um monte de cascudo com a cabecinha na pedra, procurando oxigênio, um do lado do outro". (LESTE, 2016).

Nos dias seguintes ao desastre, a Samarco assumiu o controle do acesso à região afetada, assim como encaminhou para hotéis em Mariana as pessoas deslocadas de suas casas. O que há de pitoresco nessa situação é que a Samarco também controlou o acesso dos jornalistas aos envolvidos e à área afetada pelo desastre. O que representa uma distorção, pois o culpado passou a ter um enorme domínio sobre toda a situação que envolveria a sua própria responsabilidade. (DIEGUEZ, 2016).

O poder público logo envolveu-se na situação, buscando minorar os problemas, buscando agenciar as questões junto da Samarco, mas ainda há muitas questões pendentes. A região envolvida passou a vivenciar um estado de exceção. O exército foi chamado para distribuir água devido a distúrbios.

4.8. O estado de exceção ambiental

O estado de exceção caracteriza-se pela instabilidade das instâncias jurídicas que deveriam se fundar e se manter de acordo com um arcabouço normativo e legislativo. O que ocorre, ao contrário, é a permanência da vontade do soberano que não cumpre os ditames e princípios de um Estado de Direito, fazendo imperar a sua vontade de forma arbitrária em desobediência à constituição.Como explicou Émilien Vilas Boas Reis: "o estado de exceção tem se tornado a ordem no mundo contemporâneo. Os artifícios políticos governamentais possuem a tendência de transformar a exceção em um estado permanente."(REIS, 2015, p. 2).Há uma dificuldade em se teorizar este chamado Estado de Exceção, porém ele é facilmente presenciado no cotidiano político. "Basta o "soberano" insinuar uma crise ou criar uma necessidade para que a Constituição seja suspensa. [...] Surge o salvador da pátria, com plenos poderes, eis que essa suspensão implica, inevitavelmente, num governo mais forte, ou seja, com mais poder, em detrimento dos cidadãos." (RIOS; CARVALHO, 2015b, p. 94-95).

Consubstancia-se como uma técnica de governo, "o estado de exceção ilegal é aquele que extrapola a permissão constitucional para o "soberano" agir discricionariamente. Não há que se considerar, no Constitucionalismo moderno, o ato político como ato não jurídico".(RIOS; CARVALHO, 2015b, p. 104).

Destaca-se que o soberano não pode estar acima da lei, ele se encontra limitadamente subordinado às leis. "Para

Schmitt o estado de exceção, enquanto realiza a suspensão de toda a ordem jurídica escaparia a qualquer consideração de direito, o que torna o soberano schmittiano realmente um ditador, eis que está acima das leis".(RIOS; CARVALHO, 2015b, p. 107). Mariza Rios e Newton Teixeira Carvalho refletem sobre o estado de exceção:

> Assim e principalmente em nosso país, com previsão Constitucional do Estado de Exceção, não há amparo para uma competência ilimitada ao "soberano". Não se pode falar em suspensão, pelo soberano, de todo o ordenamento jurídico. Antecedendo tal fato e diante do nosso entendimento de que é possível sim o direito de prever o "estado de exceção", como suspensão de direito, em casos específicos, o que os doutrinadores na verdade falam é em estado de exceção ilegal, ou seja, sem previsão na lei ou realizado em desprezo às leis vigentes. (RIOS; CARVALHO, 2015b, p. 109).

Dessa feita, há que se ponderar a diferença entre o estado de exceção, que é legal, uma vez que previsto pelo ordenamento jurídico, e o ilegal, que se configura pelo arbítrio da decisão do soberano, em que pese os postulados de ordem normativa. Ao que parece vivemos em um estado de exceção ilegal devido aos acontecimentos catastróficos que se perfazem em total aviltamento aos direitos fundamentais. (RIOS; CARVALHO, 2015b).

O que foi verificado no caso do desastre de Mariana foi que depois do acidente, olhar-se-á de forma diferente às barragens, como a energia nuclear passou a ser olhada de maneira diversa depois de Chernobyl. A indústria nuclear nunca mais foi a mesma depois daquele acidente. Mesmo depois do acidente, causado pela excessiva confiança da Samarco na Barragem do Fundão, ainda permanece a negligência no que diz respeito às barragens:

> No começo de junho, sete meses após a **tragédia**, o Ibama montou uma operação de emergência para acompanhar o trabalho que a Samarco, com suporte da Vale e da anglo-australiana BHP Billiton, estaria fazendo nas áreas afetadas. Chamada de Augias —em alusão a um dos doze trabalhos de Hércules, a limpeza dos estábulos --, a operação é coordenada por André Sócrates de Almeida, diretor do Ibama. Criticando as mineradoras pelo atraso nas obras, ele confessou que seu maior temor é em relação à Candonga —como ela reteve 10 milhões de metros cúbicos de sedimento, sua estrutura está sob pressão. E as obras ali estão paradas. A draga que a Samarco reservou para limpar a lama sequer iniciou os trabalhos. "Candonga está abaixo do nível de segurança e já apresenta rachaduras", disse Sócrates de Almeida Teixeira. "Não quero imaginar o que pode acontecer se ela romper". (DIEGUEZ, 2016, p. 24).

No caso do desastre de Mariana, o estado de exceção também se verificou em Governador Valadares. O poder público, na figura do Estado, enviou o exército para distribuir água, colocando-o no papel de polícia, papel ao qual ele não está destinado na Constituição de 1988. O estado de exceção ambiental, ou seja, o não-cumprimento da lei, casou-se com o estado de exceção propriamente dito, aquele em geral provocado pelas ações do braço armado do estado. Como se pode ler nas palavras de Consuelo Dieguez:

> Na manhã de terça-feira, dia 10, cinco dias após o desastre, a água em Valadares começou a escassear. No dia 11, com os reservatórios vazios, a cidade entrou em colapso. Os caminhões-pipa contratados pela prefeitura não davam conta de atender todas as comunidades. A prefeitura exigiu da Samarco a doação de água mineral, o que só foi feito após ordem judicial,

já que a empresa afirmava não ter logística para fazer a distribuição. Governador Valadares se transformou numa praça de guerra, com saques a lojas e supermercados, tiroteios e ataques aos caminhões-pipa. O exército precisou ser acionado. Moradores armados obrigavam os motoristas a desviar os caminhões-pipa para bairros não-assistidos. Pessoas com dificuldade de locomoção ficaram presas em casa, com as torneiras secas. (DIEGUEZ, 2016, p. 24).

Na prática, o que ocorreu acima foi um estado de exceção em que o poder público agiu com o exército para fazer valer a sua autoridade, uma vez que ela estava sendo contestada pelos cidadãos insatisfeitos – e alguns estavam armados. A arma na mão do cidadão comum faz com que ele tenha um poder efetivo, prático, real, sobre as coisas, algo não previsto no ordenamento constitucional, que reza para que o estado detenha o monopólio da violência, de forma que ele possa impor a lei a todos os demais. (DIEGUEZ, 2016).

Embora existam empresas que aumentaram suas preocupações com a área ambiental, buscando fazer propaganda de que são empresas sustentáveis e ecologicamente corretas, existem outras que, despreocupadas dessas questões, tais como a Samarco, causam grandes desastres ambientais. A partir dos anos 90, as empresas que fazem emissões poluentes precisam tratar adequadamente seus resíduos e preocupar-se com a emissão de gases poluentes na atmosfera. Os consumidores estão exigindo mais conscientização das empresas a respeito de seus direitos. O Código de Defesa do Consumidor não é desconhecido como antes.(SELIGMANN-SILVA, 2005).

Nos anos 90 a questão ambiental tornou-se premente, com violações de direitos humanos por parte de empresas como a Nike e a Shell. A agenda de sustentabilidade, que já vinha sendo desenvolvida há alguns anos, teve que ser complementada com a de justiça social, conceito que os empresários buscavam evitar. As empresas foram impactadas pela parceria com ambientalistas e defensores dos direitos humanos. Surgiu, então, o chamado *triple bottomline*: responsabilidade social, ambiental e humana. (SELIGMANN-SILVA, 2005).

O meio ambiente é de uso comum do povo e não é um bem que o Estado possa disponibilizar. O estado tem de agir em defesa do meio ambiente. O estado não pode realizar concessões nesse ponto, nem pode deixar de proteger o patrimônio, ainda mais em um caso tão gritante em que todos os princípios foram violados, como no caso do desastre ambiental da Samarco. (SELIGMANN-SILVA, 2005).

É preciso, então, que o Estado atue para poder rever os processos de licenciamento ambiental, assim como faça algo para estaelecer uma política adequada para a fiscalização eficaz da segurança das barragens de rejeito de minério. As empresas tiveram desatenção justamente a esse ponto. Salienta-se que a legislação ambiental é avançada e já prevê condutas preventivas. (SELIGMANN-SILVA, 2005).

Como está sendo teorizado que a legislação ambiental não foi cumprida, pode-se tratar dos princípios do direito ambiental. Os princípios são normas que têm como objetivo a proteção do meio ambiente que foi lesado no caso da Barragem do Fundão. (SELIGMANN-SILVA, 2005).

Para Walter Benjamin, o estado de exceção é o momento em que os cidadãos abrem mão de seus direitos em prol do estado, que assume papel de protetor. Mas ele problematiza que, no caso de uma greve, se acaso ela assume papel de greve geral revolucionária, o estado atribui a ela um sentido de abuso de poder e a coloca na ilegalidade. (BENJAMIN *apud* SELIGMANN-SILVA, 2005).

No caso de Governador Valadares, quando um desastre natural atinge a cidade, todos começam a lutar entre si, e o

Estado interfere com seu braço armado que é o exército. O exército faz o papel do braço armado que faz com que as ordens do soberano, o estado, sejam atendidas. Como escreveu Benjamin:

> Ao passo que o conceito moderno de soberania resulta no exercício pelo Príncipe deum poder executivo supremo, o do Barroco nasce de uma discussão sobre o estado de exceção, e considera que impedi-lo é a mais importante função do Príncipe. Quem reina já está desde o início destinado a exercer poderes ditatoriais, num estado de exceção, quando este é provocado por guerras, revoltas ou outras catástrofes. (BENJAMIN, 1985, p. 55).

Pode-se notar, então, que, na origem do estado, o estado de exceção era parte indiscernível e já previsto no estado de soberania. E o estado de exceção causado pela catástrofe ambiental provocada pelo homem em Mariana voltou, então, a acontecer recentemente no Brasil, mais especificamente na cidade mineira de Valadares, provocando também um estado de exceção temporário, resolvido com a presença do exército. No caso, foi uma violência mantenedora do direito. Há também, segundo Benjamin, uma violência que institui o direito (MIR, 2004). Sobre isso pontua Émilien Vilas Boas Reis, relendo Derrida:

> A respeito da violência fundadora do Estado, Jacques Derrida, influenciado por sua leitura de Pascal e Montaigne, lidos à luz de Benjamin, afirma que há um "fundamento místico da autoridade". Em outras palavras: "Já que a origem da autoridade, a fundação ou o fundamento, a instauração da lei não pode, por definição, apoiar-se finalmente senão sobre elas mesmas, elas mesmas são uma violência sem fundamento". Por outro lado, a violência mantenedora é expressa na figura da polícia, que possui uma "mistura espectral" entre a violência mantenedora e a vio-

lência imaginária, já que "Esta é, com certeza, uma violência pra fins de direito (com o direito de disposição), mas com a competência simultânea para ampliar o alcance desses fins de direito (com o direito de ordenar medidas)". (REIS, 2015, p. 3).

O estado de exceção, em termos históricos, é a ditadura. O período de ditadura, em Roma Antiga, é o nosso paradigma atual de ditadura. Em tempos de crise e convulsão social, a República era abolida e entrava em cena um ditador, alguém que ditava o que devia fazer, ao invés de consultar o senado, dentre outras medidas necessárias e protocolares. Era o "salvador da pátria" que entrava em cena e resolvia os problemas em nome das classes dominantes (MIR, 2004). Como explicou Émilien Vilas Boas Reis a respeito:

> O motivo do estado usar da exceção é a urgência em determinadas matérias. Nesse caso, o executivo toma a liberdade de criar medidas extraordinárias a fim de perpetuar o ordenamento social. A grande questão é que o executivo pode utilizar tal ato quando julgar necessário, sendo, muitas vezes, conveniente ao poder executivo. (REIS, 2015, p.2).

Outrossim, desde Roma Antiga existe a relação entre a Cidade e o estado de exceção. No Brasil, os megaeventos recentes geraram um estado de exceção devido a uma legislação que se sobrepôs à Constituição de 1988 (Lei Geral da Copa). A violência que o estado de exceção causa não se coaduna com o estado de Direito. Como explica Luiz Mir:

> Hannah Arendt entende por inocência no século XX a despolitização das massas desagregadas e atomizadas que segue à demagogia do carisma. Temos aí um exemplo, e bem patente, de como o limbo pode

converter-se no inferno, neste caso, de como o deixar de fazer a política por ignorância conduz à catástrofe de todo um povo. A negativa do indivíduo em exercer o seu protagonismo de zoon politikon não por ausência de conhecimento, mas, por desconfiança de que tal via conduza à felicidade e à virtude, é especialidade das horas mais cruéis da história da humanidade. (MIR, 2004, p. 220).

Existiram situações de exceção desde o início do regime republicano. No entanto, somente na Roma Antiga houve uma constituição que reconheceu o estado de exceção enquanto um recurso para resolver os problemas da república. Émilien Vilas Boas Reis e Vinícius Thibau explicam como funcionava esse recurso:

> Em determinadas situações políticas, isto é, em circunstâncias de guerras externas ou internas e insurreições (*tumultus*), o Senado tinha o poder de enunciar um *senatus consultum ultimum*, pedindo aos cônsules, pretores, tribunos e até aos cidadãos que agissem de maneira a conterem a desordem. Era declarada, então, a *iustitium*, que suspendia o direito, produzindo um vazio jurídico (REIS;THIBAU, 2014, p. 2-3, destaque no original).

Essa situação acima trata não só da ditadura propriamente dita. Trata-se de uma situação determinada e específica de suspensão do estado de direito no período republicano em Roma Antiga. As leis que tolhem os magistrados existentes são suspensas, mas não existe a criação de uma nova magistratura. O Direito fica suspenso temporariamente, mas não surge um imperador que dita, apenas os senadores passam a tomar as atitudes que seriam necessárias para conter o "*tumultus*". (REIS; THIBAU, 2014).

A situação acima descrita não trata de uma violação de um Estado de Direito. O Direito é suspenso temporariamente. Não se trata, então, de transgressões. O estado lança mão dessa suspensão com a justificativa de resolver suas crises internas ou externas. Como se pode ler em Émilien e Vinícius, citando Rossiter "a ditadura era primeiramente instalada por militares, instalada para salvar o estado do perigo de ameaças de exércitos estrangeiros. O poder do exército, nesse momento, passava a estender-se por todo o estado". (ROSSITER *apud* REIS; THIBAU, 2014, p. 2)

Nesse momento de exceção, a complexidade do estado era diminuída e o general, que não podia ser responsabilizado legalmente, agia de forma independente aos poderes constituídos. Isso é muito esclarecedor para entender o poder que alcançou o exército, por exemplo, em Governador Valadares logo após o desastre ambiental de Mariana.

Essa vigência do poder do exército era a vigência da lei marcial. A lei marcial funcionava como uma vingança, assim como um estado de sítio em estado originário. Roma Antiga forneceu o modelo para as várias repúblicas posteriores, daí a nossa referência a ela. Como explica Émilien e Vinícius a respeito desse momento em que o estado de direito não mais vigora:

> Este vazio jurídico observado na situação descrita cria empecilhos, na medida em que as ações dos atores sociais em tal situação não estão mais submetidas ao Direito; portanto, não podem os indivíduos serem acusados de transgressores, pois o Direito está suspenso temporariamente. É de se notar, também, como esta medida foi usada pelo Estado com a justificativa de mantê-lo. (REIS;THIBAU, 2014, p. 3).

Dentre os magistrados que exerciam o poder de forma a resolver as crises, o ditador era o mais alto magistrado, o "*dic-*

tador". Ele era também chamado de *Praetor Maximus* e *Magister Populi*. O ditador assumia em tempos de pragas nas colheitas ou guerras civis. Ele organizava as eleições e os comitês das assembleias. Ele oficializava jogos e preenchia vagas entre os senadores. O *"dictador"* tinha o poder de juiz. Existia, pois, um ditador para o contexto estrangeiro e um para os assuntos internos. O termo "estado de emergência" também foi um termo habitualmente utilizado para definir esse período. Em geral, a ditadura durava seis meses, no mínimo. (REIS; THIBAU, 2014).

Por exemplo, quando Roma combateu Cartago, foi necessário indicar um ditador, pois as forças romanas estavam divididas. Aníbal, general cartaginense, agia com seus exércitos em regiões próximas de Roma, daí a necessidade de unificar as forças romanas. Fábio Máximo foi, então, nesse momento, o mais famoso *"dictador"*. As brigas políticas romanas prosseguiam durante as chamadas Guerras Púnicas, que eram as guerras em que Roma enfrentou Cartago até sua vitória contra essa potência. No entanto, mesmo no passado a figura do *"dictador"* começou a ser questionada, pois concentrar muito poder nas mãos de alguém poderia levar a excessos e erros. As emergências passaram a ser mediadas por dois cônsules, com poderes para enfrentar o estado de emergência. Os cônsules podiam, porém, ser responsabilizados por seus possíveis crimes, assim como sua atuação não se faziam sem a mediação das instituições. (REIS; THIBAU, 2014).

O cargo de ditador surgiu novamente ao final das guerras civis entre a facção de Sula e Caio Mário. O mandato passou a não ser limitado temporariamente. Sula, no entanto, negou-se a ser ditador. Depois da guerra civil entre Pompeu e Júlio César, Júlio assumiu como um ditador. Como forma de conciliação com seus opositores, César passou a aceitar novamente a exercer a ditadura apenas por um período de tempo: um ano. Júlio César, no entanto, foi recolocado no poder de ditador pelo senado, podendo exercer o poder até sua morte, mas foi assassinado logo em seguida. (REIS; THIBAU, 2014).

O cargo de ditador foi, a seguir, motivo de debates e Marco Antônio combateu esse poderio junto ao poder legislativo, abolindo-o logo em seguida. Marco Antônio, posteriormente, voltou atrás e ofereceu o cargo a Augusto. Como Augusto recusou tanto poder, o cargo foi considerado extinto logo a seguir. (REIS; THIBAU, 2014).Como finalizaram Émilien Vilas Boas Reis e Vinícius Lott Thibau:

> O estado de exceção frequentemente era associado a momentos de conflitos de guerras, mas também foi decretado por outros motivos na república romana. A lei marcial deixou de ser exceção para ser tomada como regra. O modelo romano foi tomado pelas diversas repúblicas posteriores na história, para o bem e o mal. (REIS;THIBAU, 2014, p. 3-4).

Na França da revolução de 1789, a referência ao modelo romano era muito comum, assim como simbologia e a terminologia, mas não se repetiu o termo "estado de exceção". O termo em francês era *"état de siége"*, ou seja, "estado de sítio". O termo ocorreu pela primeira vez na Assembleia Constituinte em um decreto em 8 de julho em 1891. O estado de sítio distingue-se do estado de guerra e do estado de paz. No estado de sítio, de forma similar ao momento temporário da ditadura na república romana, em que o poder militar diminuía a complexidade do estado e assumia o aparelho do estado, também no estado de sítio as funções das autoridades civis são investidas no poder militar. A responsabilidade de exercer essas funções passa a ser exclusiva dos militares. (REIS; THIBAU, 2014).

O estado de sítio, originalmente, era apenas para algumas regiões que eram estratégicas, militarmente, como a região portuária, mas estendeu-se, posteriormente, para cidades inteiras. Originou, então, o modelo para os regimes ditatoriais posteriores. (REIS; THIBAU, 2014).

Inicialmente debatido como uma questão militar, pois era preciso garantir a defesa de algumas regiões e pontos, o estado de sítio passou a ser amplamente debatido pelos representantes políticos. Embora debatido, posteriormente, tanto no Império Alemão quanto nas teorias dos pensadores, ganhou uma grande relevância no contexto latino-americano, onde esse tipo de situação mais e mais mostrou-se frequente. (REIS; THIBAU, 2014).

A França entre 1791e 1797 tinha que lidar com dois elementos: invasão estrangeira e rebelião interna contra o poder. Daí a medida integrou essas duas situações. O estado de sítio da época integrou elementos civis e militares. (REIS; THIBAU, 2014).

O estado de sítio foi consagrado na Constituição Francesa e foi consubstanciado, mediante decreto, no período e no direito napoleônico. O general Cavaignac teve poderes extraordinários garantidos por um decreto da Assembleia Constituinte para colocar Paris sob estado de sítio, debelando a rebelião contra a monarquia. O estado de sítio seria a não vigência da Constituição. Conforme Agamben:

> No caso de revolta à mão armada ou dos problemas que ameaçam a segurança do Estado, a lei pode suspender, nos locais e pelo tempo que ela determina, o império da Constituição. Esta suspensão pode ser declarada provisoriamente nos mesmos casos por um órgão do governo caso os corpos legislativos estejam de férias, desde que este órgão seja convocado num prazo mais curto por um artigo das mesmas paradas. (AGAMBEN, 2014, p. 6).

A partir da I Guerra Mundial, generalizou-se o uso do governo por decretos mesmo em países democráticos. A França esteve sob o estado de sítio desde agosto de 1914 até 12 de outubro de 1919. O estado de sítio foi retomado para evitar a crise econômica que surgiu após a I Guerra. (REIS; THIBAU, 2014).

O estado de sítio passou a funcionar de forma que, durante sua vigência, o executivo concentra poderes e diminui a importância do legislativo. A França voltou ao estado de sítio em 1940, durante a ocupação nazista.

A Alemanha moderna praticou muito a experiência ditatorial, vigente mesmo durante a democracia constitucional. A Constituição de Weimar já permitia ao presidente do Reich deliberar em casos extraordinários. Ao presidente do Reich cabia, inclusive, utilizar a força armada. Esse tipo de brecha no aparato institucional é que permitiu a Hitler não abolir oficialmente a Constituição de Weimar. Ele passou a governar por decretos-lei, na posição de chanceler do Reich, na prática, invalidando a Constituição. O artigo 48 surgiu devido aos problemas que historicamente enfrentou a Alemanha, pois ela era uma construção histórica recente. (REIS; THIBAU, 2014).

Durante o império alemão, o Kaiser também tinha esses atributos, se ele quisesse. Isso explica a presença desse artigo na Constituição de 1919. Rossiter citado por Émilien e Vinícius explicita a respeito do uso do artigo 48 para reprimir as revoltas comunistas:

> Houve, então, a suspensão dos direitos fundamentais, como a proibição das assembleias públicas, a censura à imprensa, detenções sumárias e arbitrariedade policial. Foram também criadas cortes marciais, onde crimes contra o Estado eram punidos com execuções sumárias.(ROSSITER *apud* REIS;THIBAU, 2014, p. 10).

O artigo 48 foi utilizado em 1922 devido à crise econômica, pois existia uma vertente interpretativa que justificava o uso do estado de exceção em momentos de crise econômica. A Alemanha passava, então, por uma grande inflação e pela desorganização econômica trazida pela guerra e pelos tratados humilhantes impostos pelos vencedores. No entanto, tal situação abriu o precedente para a utilização desde artigo em vários momentos entre 1919 e 1933. O presidente Hinderburg, reeleito em 1932, dissolveu o parlamento sob alegação de defender a democracia. Sendo assim, quando Hitler assumiu o poder, o país já estava há três anos em regime de ditadura presidencial e o parlamento não estava mais funcionando. Uma democracia não pode funcionar dessa forma, pois ela leva facilmente a uma ditadura e ao que hoje chamamos regime totalitário.

Se na França e na Alemanha existiram referências ao estado de sítio e aplicações dele, é natural que existam decretos governamentais urgentes. No ano de 1926, não por coincidência, o ano em que o deputado Matteoti foi morto pelo fascismo e Antonio Gramsci destituído do parlamento e preso, foram instituídas leis regulamentando esses decretos.

No Brasil existem dois momentos em que o estado de exceção ficou bastante claro: o Estado Novo entre 1937-45 e a ditadura militar de 1964-85. Com a alegação de combater o comunismo, uma vez que o período dos anos 30 equivalia ao fortalecimento dos movimentos sindicais e da classe operária, o Estado Novo criou uma máquina de repressão e de propaganda. O Estado Novo prendia e torturava seus inimigos, em especial os comunistas. (REIS; THIBAU, 2014).

Igualmente sob a alegação de combater o comunismo, mas também de fato buscando barrar a radicalização do trabalhismo no governo Jango, os militares, com ajuda de alguns setores civis, derrubaram o governo e instalaram uma ditadura militar-civil que durou vinte anos. (REIS; THIBAU, 2014).

É curioso que em nenhum dos casos existia uma ameaça estrangeira relevante que possa justificar o estado de sítio no mesmo grau em que ocorreu na França do tempo da revolução francesa e da I e II Guerras Mundiais. O Brasil não vivia nem sequer a ameaça de uma invasão estrangeira efetiva. O máximo que ocorreu, no caso das duas guerras, foi o afundamento de navios brasileiros na costa por obra de submarinos alemães. (REIS, 2015).

Walter Benjamin inova em considerar o estado de exceção um estado permanente. Antes do século XX, ele era uma situação pontual. Pode-se conceituar um novo tipo de estado de exceção pressuposto nesse trabalho, pressuposto nesse trabalho, o estado de exceção ambiental. Deve-se diferenciar o direito ambiental propriamente dito do discurso ambiental, pois nem sempre o discurso ambiental é equilibrado. (REIS, 2015).

Existe, pois, a temática do estado de exceção ambiental. Esse conceito é assim articulado por Émilien Vilas Boas Reis. A crise ambiental é considerada, pois, como estando ligada à razão instrumental. O estado de exceção ambiental surgiria quando a legislação ambiental não é respeitada ou é desrespeitada com a conivência do poder público. (REIS, 2015).

O estado de exceção tornou-se um estado permanente no mundo contemporâneo devido a vários fatores: em países como Iêmen, Somália, Mali, Líbia, Iraque e Síria é a guerra civil; em Israel e Palestina, é a guerra entre essas duas etnias; na Turquia é devido à guerrilha curda, na Europa e nos Estados Unidos o estado de exceção é produto dos atentados terroristas. No Rio de Janeiro a atuação do narcotráfico e do crime organizado nas favelas faz com que o estado atue suspendendo os direitos básicos, inclusive o artigo quinto da Constituição, que vela a inviolabilidade domiciliar.

O paradigma dos governos da cena contemporânea passou a ser, então, o estado de exceção, a guerra civil mundial. Se antes era apenas uma medida provisória, o estado de exceção passou a ser uma técnica de governo. Ele alterou, pois, os tipos de constituição existentes.

O momento de crise é o momento por excelência em que o estado de exceção surge. E vive-se uma crise ambiental.

O ano de 2015 foi o ano mais quente até hoje registrado. Se a Terra continuar aquecendo, desastres ambientais tais como furacões, secas e enchentes serão mais frequentes. Para poder manter a ordem do estado em meio a desastres como esses, com frequência será preciso impor algo como uma lei marcial, pois a confusão gera saques, roubos, invasões de propriedades, confronto com autoridades responsáveis por ajuda humanitária, dentre muitos outros problemas.

Há, pois, uma crise ecológica, causada pelo desmatamento, assim como pela destruição sistemática das espécies animais. Entra em crise, então, a representação da natureza e a relação homem/natureza. (ZAVERUCHA, 2010).

Há, portanto, uma crise no uso da natureza, uma crise no modo de vida da humanidade. Uma minoria de estados ricos está abusando e desperdiçando os recursos de toda a coletividade. Émilien, num diálogo com Charles Taylor, cita alguns dos desdobramentos dessa crise:

> Com tais paradigmas, é possível tentar ilustrar essa crise atual. O pensador Charles Taylor aponta três grandes dificuldades na modernidade: o individualismo, a razão instrumental e a perda da liberdade individual. Para o autor, a razão instrumental é caracterizada por ser o "tipo de racionalidade em que nos baseamos ao calcular a aplicação mais econômica dos meios para determinado fim. Eficiência máxima, a melhor relação custo benefício, é sua medida de sucesso". Com ideia de uma vontade de Deus, o homem passa a ter controle absoluto em suas ações. Assim sendo, a sociedade passa a se valer da razão instrumental para agir como lhe for mais conveniente. (REIS, 2015, p. 7).

A razão instrumental submete o ser humano e o meio ambiente ao mesmo tempo. A razão instrumental estabelece uma relação com o modo de produção vigente. Essa razão realiza uma ligação entre a técnica, a economia e a modernidade.

 O estado de sítio foi, por exemplo, na Constituição francesa de 1958, levando-se em conta uma concentração maior dos poderes nas mãos do Presidente da República. O estado de exceção pode ser conceituado como a violação permanente do núcleo da ordem jurídica por parte daquele que deveria zelar por essa ordem, ou seja, o próprio estado. Lei e exceção estão intrinsecamente ligados; ele sempre pensa a lei tendo como horizonte o momento em que ela não vigora, quem sabe por ter vivido sob o signo da Alemanha de Hitler.

 O estado de exceção ambiental é, pois, um desdobramento do estado de exceção político. O direito ao meio ambiente foi uma garantia que surgiu em meio a debates internacionais. O homem foi considerado, ao mesmo tempo, uma criatura do meio ambiente e que pode alterá-lo. O homem tem poder de transformar o ambiente em que vive. Todo homem deve, então, ter direito ao meio ambiente para poder viver em bem-estar. Existe o meio ambiente natural, como, por exemplo, uma floresta. E existe o ambiente artificial, como em um apartamento numa grande cidade.

 No atual momento histórico estamos em impasse: ou preservamos o meio ambiente para as novas gerações ou a humanidade se envolverá numa catástrofe ecológica.

 O direito ambiental tornou-se parte do processo de preservação ambiental. Trata-se, então, de um instrumento para a relação do homem com a natureza. A Constituição de 1988 prevê que todos têm direito ao meio ambiente ecologicamente equilibrado. Isso seria um dever do estado, segundo o próprio texto constitucional. O meio ambiente se torna uma preocupação do estado. O Estado é movido, no entanto, por interesses que nem sempre apoiam e respeitam o meio ambiente.

 Hoje as questões ambientais estão em alta, há até mesmo partidos verdes para poder encaminhar a questão ecológica. O direito ambiental sofre por ter que enfrentar interesses poderosos, de grandes empresas, assumindo, muitas vezes, um papel apenas marginal.

Pode-se dizer, então, que surgiram grandes empreendimentos que, ao serem construídos, submetem o direito ambiental. Como explica Émilien Vilas Boas Reis, o governo sobrepõe à necessidade econômica a outros discursos, como pode ser visto em Belo Monte:

> Durante a sessão, as ONGs chamaram a atenção para o fato da justiça brasileira usar a "suspensão de segurança" a fim de interromper decisões de instâncias inferiores que estariam dificultando a continuidade e a finalização de grandes empreendimentos, tais como as Usinas hidrelétricas de Belo Monte (PA) e de Teles Pires (MT), além da estrada de ferro de Carajás (PA/MA). (REIS, 2015, p. 12).

Sendo assim, deve-se ligar a razão instrumental diretamente ao homem e ao meio. Ambos são submetidos a ela. Ela se liga ao modo de produção. A ciência, a técnica e a economia ligam-se. A economia moderna, articulada com a técnica e a ciência, atingiu um grau de eficiência nunca antes atingido. Essa era da razão instrumental é marcada pela ideia de progresso, assim como da transformação da qualidade em quantidade. Esse tipo de racionalidade caracteriza-se por esse tipo de transformação. A ideia de progresso linear e definido foi gerada na modernidade.

A razão instrumental coloca a técnica em primeiro lugar, fazendo da visão técnica uma cosmovisão. Esse novo tipo de saber passa a pautar toda a vida social, que fica submetida a um cálculo econômico. A criação de barragens e diques para rejeito de minério é um exemplo desse tipo de cálculo econômico. Quando se está economizando com segurança nessas barragens, deixa-se de pensar a ética, ou seja, as consequências incalculáveis em termos de vidas humanas perdidas, tais como em Bento Rodrigues. Um exemplo do uso da razão é a atuação da mineradora Samarco ao buscar alagar uma parte de Bento Rodrigues:

> Dos mil moradores desalojados dos dois distritos mais atingidos pelo rompimento da barragem da Samarco, 300 são crianças. Grande parte delas mora hoje em Mariana. Os moradores dos distritos atingidos pelo rompimento da barragem tentam se adaptar ao novo estilo de vida na cidade, muito diferente do que tinham no campo. O processo é difícil e 150 pessoas fazem tratamento psicológico e psiquiátrico nos postos de saúde de Mariana. Os moradores desalojados costumam visitar o que sobrou das casas e preferem que o cenário da tragédia permaneça intocado, mas uma obra polêmica planejada pela Samarco vai alagar parte de Bento Rodrigues. A empresa diz que a construção de um novo dique, o S4, é única forma de impedir que os rejeitos que estão na área de Bento Rodrigues contaminem os rios da região, mas documentos obtidos com exclusividade pela equipe do Profissão Repórter contestam a eficiência do dique em conter os rejeitos de minério. Segundo o Ministério Público, a Samarco já planejava construir a barragem de Mirandinha perto de Bento Rodrigues para aumentar a produção de minério. A Secretaria do Meio Ambiente de Minas Gerais respondeu que o dique S4 contribui para a contenção de rejeitos depositados na região de Bento Rodrigues e que o laudo realizado por seus próprios técnicos não é conclusivo. Em nota, a Samarco diz que o Projeto Mirandinha foi suspenso e que a construção do dique S4 não tem relação com a criação da barragem. (MINISTÉRIO..., 2016).

Essa atitude descrita acima é um bom exemplo de razão instrumental: independente dos sentimentos dos moradores, a empresa prossegue em uma obra já planejada, alagando parte das ruínas e aproveitando o cenário de destruição para construir uma nova barragem de rejeito de minério. O raciocínio econômico passa por cima, então, de quaisquer sentimentos ou de qualquer ética que esteja sendo evocada. As novas gerações terão, portanto, que sofrer com a crise ambiental e isso já está posto acima, quando se nota que boa parte dos afetados pela tragédia são crianças, boa parte das quais passou a ter que fazer tratamento psicológico. O que se anuncia é algo sério: a razão instrumental não tem medido suas consequências, como se pode notar acima no ocorrido em Bento Rodrigues, assim como prossegue errando, mesmo quando está em risco, em um futuro próximo, a destruição da natureza e dos meios de existir que ela contém em relação aos ecossistemas.

A partir da Revolução Industrial no século XVIII, a poluição do meio ambiente se acelera em relação aos séculos anteriores, a Terra se aquece e o Estado passa a se encarregar tanto de fiscalizar a poluição quanto a administrá-la e, em certo grau, produzi-la. A partir dos anos 70, a crise ambiental torna-se, também, uma questão social e política. O que existe de boa notícia é que o direito ambiental foi codificado e aceito por todas as nações da Terra, praticamente.

No Brasil, com frequência há uma cumplicidade do executivo com o judiciário e os grandes projetos das grandes corporações são privilegiados em detrimento dos povos originários e das reservas florestais e ambientais. Observe-se o caso em que a marinha buscou expulsar os moradores da restinga da Marambaia, mesmo eles tendo origem quilombola:

> Em 14/02/2002, o Ministério Público Federal encaminhou à Justiça uma Ação Civil Pública contra a União, com quatro pontos a serem contemplados: o retorno dos moradores já expulsos da ilha; a garantia de não terem as casas destruídas ou danificadas; a permissão de continuar plantando nas áreas que ocupam e

a realização de melhorias nas casas. Em resposta a esta ação, em 30 de abril, a juíza Lucy Costa atendeu apenas a dois desses pontos, mas negou o direito de retorno dos moradores já expulsos da ilha e a realização reformas em suas casas. A Justiça aguarda um posicionamento da Fundação Cultural Palmares para uma decisão final. A FCP encaminhou um documento afirmando a importância da liminar ser atendida na íntegra, para evitar a expulsão de outros moradores da Marambaia, enquanto não produz o Laudo Antropológico sobre o grupo. Apesar disso, os moradores continuam sofrendo pressão por parte da Marinha. Na última semana, uma moradora saiu pela manhã para levar seu filho à escola e, ao retornar, sua casa tinha sido lacrada pela Marinha. A moradora retirou o lacre e voltou a ocupar a casa. Ao saber dessa atitude a Marinha marcou uma reunião com os moradores para lhes dar uma falsa informação de que o parecer da juíza, ao proibir o retorno dos moradores expulsos, garantia novas expulsões. O Ministério Público Federal se comprometeu a tomar providências [...]. A relação da comunidade com a Marinha vem se estabelecendo de forma conflituosa. Quando a Marinha retornou suas atividades na ilha, a população achava que, no mínimo, seriam mantidos os ganhos obtidos até então, com a Fundação Abrigo do Cristo Redentor. A proposta da Marinha, no entanto, era bem diferente, estava predeterminada a esvaziar totalmente a ilha em um período máximo de 20 anos. Quando perceberam que essa meta não seria atingida, começaram a agir de forma arbitrária contra a população (VISÃO..., 2016, p. 2).

Pode-se dizer, então, que o estado de exceção, originalmente pensado na tradição republicana enquanto temporário, tem avançado sobre os direitos dos cidadãos, suspendendo-os não só temporariamente, mas essa suspensão tem se tornado regra, como se pode observar que aconteceu quando dos megaeventos e das atitudes do poder militar da marinha junto aos moradores da restinga da Marambaia.

Outro conflito que envolveu o estado de exceção ambiental foi a instalação do COMPERJ, um complexo químico ligado à indústria de petróleo. O impacto ambiental desse complexo em áreas protegidas do Rio de Janeiro é controverso. Ele afeta de forma sensível a Mata Atlântica Central Fluminense. Os impactos sobre as áreas circundantes existem. As áreas de preservação ambiental e seus protetores, assim como movimentos sociais e o Ministério Público Federal entraram em conflito com o COMPERJ.

O estado de exceção ambiental muitas vezes não é divulgado pela mídia tradicional, sendo os desmandos das autoridades e da iniciativa privada fatos que continuam a ocorrer.

A imagem do progresso com a qual Mariana tem de ser a ver nos faz lembrar o anjo de Klee: ao mesmo tempo em que há grande destruição, há quem ainda faça passeata pelo funcionamento da Samarco na região de Mariana, pois os empregos das pessoas dependem disso, em meio a essa crise mundial. Assim, ao invés de protestos contra a catástrofe, há protestos a favor de quem causou a catástrofe. Veja-se a que ponto chegamos e lembremos do *Angelus Novus*:

> Há um quadro de Klee que se chama *Angelus Novus*. Representa um anjo que parece querer afastar-se de algo que ele encara fixamente. Seus olhos estão escancarados, sua boca dilatada, suas asas abertas. O anjo da história deve ter esse aspecto. Seu rosto está dirigido para o passado. Onde nós vemos uma cadeia de acontecimentos, ele vê uma catástrofe única, que acumula incansavelmente ruína sobre ruína e as dispersa a nossos pés. Ele gostaria de deter-se para acordar os mortos e juntar os fragmentos. Mas

uma tempestade sopra do paraíso e prende-se em suas asas com tanta força que ele não pode mais fechá-las. Essa tempestade o impele irresistivelmente para o futuro, ao qual ele vira as costas, enquanto o amontoado de ruínas cresce até o céu. Essa tempestade é o que chamamos progresso. (BENJAMIN, 1985, p. 157-159).

Figura 1 – Angelus Novus

Fonte: AZEVEDO, 2009

Quando se estuda casos como o da destruição causada pela Samarco em Governador Valadares e o verdadeiro estado de exceção criado na cidade durante uma semana em que ela virou praça de guerra, pode-se notar que o estado de exceção é a regra. O papel do governador Pimentel foi o seguinte:

> No domingo, dia 8, 72 horas após o rompimento do Fundão, com parte do estado em situação de emergência, o governador de Minas Gerais, Fernando Pimentel, convocou uma entrevista. Escolheu a sede da Samarco para falar com os jornalistas. Movimentos sociais o acusaram de estar sendo conivente com a empresa. Durante a comunicação, disse que o governo do estado e a companhia estavam fazendo "todo o possível para mitigar os danos causados pelo desastre". E não pegou pesado com a Samarco: "Não podemos apontar culpados sem uma perícia técnica mais apurada". O setor da mineração é um dos maiores pagadores de impostos de Minas. (DIEGUEZ, 2016, p. 25).

Apenas uma semana após o acidente é que a situação em Governador Valadares começou a se normalizar. Nos primeiros dias, a prefeita pediu, aflita, para o Comando do Comitê de Bacia do Rio Doce para que trouxesse água para a população. A água veio através de vagões de trem da Vale. Os moradores pegavam os fardos e estocavam muito mais do que precisavam. O exemplo de Governador Valadares serviu para que cidades próximas se abastecessem de água e a disponibilizassem para os moradores, tal como foi em Colatina, cidade vizinha de Governador Valadares.

Foi uma impressionante visão de um futuro distópico, com pessoas desesperadas em busca de água, uma vez que o abastecimento de água em Governador Valadares, que depende da água do Rio Doce, foi suspenso por estar contaminado com a lama. Após alguns dias, foi feito um tratamento da água e o abastecimento foi retomado.

As consequências da ingestão dessa água são desconhecidas, pois existem evidências de que toda a tabela periódica pode ser encontrada dentro do rio, especialmente, o que é mais preocupante, metais pesados como o mercúrio. O que chama a atenção é o fato da presença do mercúrio, pois ele é característico da mineração do ouro e não do minério de ferro. E os rejeitos, originalmente, eram de minério de ferro. Não se sabe se a Samarco minerava ouro na região. Se o fazia, o fazia ilegalmente. Daí a estranha presença do mercúrio (DIEGUEZ, 2016, p. 23).

O fato de que o governador vestiu o uniforme da empresa gerou críticas em redes sociais, dando margem a observações críticas dizendo que os políticos mineiros são, em grande parte, financiados por empresas que fazem mineração no estado de Minas Gerais. O próprio nome do estado é advindo do fato de que no tempo do Brasil Colônia ocorreu uma grande corrida do ouro nessa região, dando origem ao nome da região, associado ao produto de exploração que ela fornecia à metrópole.

A situação atual da Samarco diante do poder público nos faz pensar na situação atual do país, uma vez que temos liberdade política, mas não econômica: a economia do país é dominada por grandes corporações, tais como a Samarco.

Desastres ambientais como o de Mariana, acaso aconteçam mais vezes mundo afora, podem colocar em risco a existência do homem. Daí a importância de refletir a respeito. A prioridade, em se tratando de tal caso, deve ser punir os responsáveis, pois, a longo prazo, esse tipo de crime ambiental está colocando em risco a existência das novas gerações, ferindo o princípio da Equidade Intergeracional. As gerações atuais não podem deixar para as demais uma herança de déficits ambientais. No entanto, no caso do vale do Rio Doce isso efetivamente se concretizou. As novas gerações não verão como o Rio Doce era antes da lama chegar, antes da barragem se romper. O passado recente passou a ser como algo remoto.

Ao analisar as notícias sobre o que está acontecendo na Barragem do Fundão e em outras barragens após o acidente, nota-se que as mineradoras como a Samarco e a BHP Billinton não observam princípios de risco. E, pode-se adicionar, não se preocupam com o impacto futuro de seus empreendimentos, apenas com o lucro no presente.

A chegada da estação das chuvas, em outubro, faz com que treze milhões de metros cúbicos em Fundão também corram o risco de deslizar. Os diques que a Samarco ergueu para reter os resíduos estão saturados e não suportam quinze dias de chuva forte. A mineradora e suas controladoras estariam agindo de forma negligente: não fazem as obras ou as fazem de maneira incorreta.

Quando as mineradoras se reuniram no Ibama, enormes embates continuaram acontecendo. As mineradoras foram instadas pelo Ministério Público a tratar o esgoto das cidades e tirar os lixões das margens de forma que o Rio Doce possa se recuperar mais rapidamente, mas as empresas trouxeram advogados e se esforçaram para fugir da responsabilidade. Mesmo em abril, a Barragem do Fundão continuava vazando rejeitos. A justiça homologou um acordo apenas no dia 5 de maio.

Os danos foram calculados em 20 bilhões de reais, a serem pagos pelas mineradoras em vinte anos. O valor destinado às pessoas é de 2 bilhões de reais. Estão incluídos aí pousadas, hotéis e empresas que tiveram seus negócios tornados inviáveis, assim como pessoas que perderam os seus bens pessoais. Os 18 bilhões restantes são medidas que possam reparar os danos causados (DIEGUEZ, 2016, p. 24).

Não há valores financeiros ou ressarcimento que possam pagar isso que se perdeu, que foi praticamente um modo de vida. Os moradores de Bento Rodrigues passaram a ser como uma espécie que perde o seu nicho ecológico, ou seja, passa a correr risco de extinção. O que foi interrompido foi o próprio fluxo da vida, uma forma de viver daquelas pessoas. E isso foi perdido e não há dinheiro que consiga ressarcir (DIEGUEZ, 2016, p. 25).

A responsabilidade ambiental foi um conceito que, de mãos dadas com o conceito de responsabilidade social, só ganhou ampla circulação a partir dos anos 90, em se tratando do Brasil. As ONGs (Organizações Não-Governamentais) vieram trazer a certificação ISO, comprovando a observância da chamada responsabilidade social. Outras formas que ela assume são as certificações sociais.

As empresas passaram, a partir da década em que o neoliberalismo se consolidou no Brasil, com Collor e Fernando Henrique Cardoso, a assumir compromissos éticos com base em políticas do Banco Mundial para evitar o esgarçamento do tecido social. Ou seja, as empresas comprometem-se com projetos sociais ambientais ou assistenciais compensatórios. Alguns exemplos das políticas que norteiam esses projetos: a) participação nos lucros e resultados; b) compromisso com a infância, a diversidade e as demissões; c) compromisso com o desenvolvimento profissional, a empregabilidade, a educação ambiental. O modo de vida contemporâneo provoca desagregação social e, como estamos sentindo agora, ele também está ligado à busca do lucro máximo e à desagregação social, assim como aumento da pobreza. Os desastres ambientais são parte dessa desagregação.

A partir da Revolução Industrial surgiu uma verdadeira nova forma de viver. Os processos produtivos mudaram, assim como tiveram impactos na natureza da economia e da sociedade. Como explica Émilien Vilas Boas Reis:

> Muito da crise ambiental se deve à nossa capacidade tecnológica de manipular e modificar o meio ambiente. O homem sempre alterou seu meio, mas a modernidade marca a capacidade humana de transformá-la de maneira desequilibrada. Associado à capacidade anterior, encontra-se o modo econômico atual, que também tem sua parcela de responsabilidade, ao integrar o bem-estar ao consumo desmedido (REIS, 2015, p. 6-7).

Na medida em que o trabalho do ser humano foi transformado pela técnica, assim como incorporado pelo sistema produtivo, continuamente a intervenção do ser humano sobre a natureza passou a ter consequências drásticas. O planeta está, a partir deste tempo histórico, ameaçado. O modelo da sociedade industrial é uma ameaça para o meio ambiente e a legislação ambiental é descumprida em meio a litígios com as autoridades.

O estado de exceção ambiental é causado pelo uso sem limites dos bens naturais. A expansão da população, a transformação da vida humana e da natureza em mercadoria, tudo isso caracteriza o sistema predatório que gerou estado de exceção ambiental. Tudo isso esteve presente no desastre em Mariana, que não foi acidente: foi fruto deste estado de coisas.

A atividade minerária causa grande dano ambiental. O local fica devastado. Antigamente, a exploração mineral ficava a cargo do proprietário. Como explicam Newton Teixeira Carvalho e Mariza Rios:

> Entretanto, enquanto não houver uma cabal consciência ecológica, enquanto não deixar de existir omissão das autoridades responsáveis pela fiscalização do setor minerário, é evidente que, sustentado pelo discurso de geração de emprego, de carência de uma determinada comunidade e na busca impensada e desesperada do lucro, inúmeras mineradoras estarão atuando, ao arrepio da legislação e, por conseguinte, em desencontro ao princípio do desenvolvimento sustentável (CARVALHO; RIOS, 2014, p. 66).

Quando se lê o texto acima, pensa-se em Mariana, cidade que, embora tendo um distrito devastado por catástrofe ambiental, passou a perder cerca de quarenta por cento de suas receitas devido à paralisação das atividades da mineradora.

A propósito do desenvolvimento sustentável, há uma grande tensão entre direito e economia. Pode-se dizer que as mineradoras passaram a se utilizar do discurso sustentabilidade, mas a atividade delas não acontece sem que o ambiente natural seja, em algum grau, o objeto de degradação.

Os ambientalistas há muito se preocupam com a natureza das atividades minerárias: as pessoas mineram uma região e o minério se esgota, sem que surjam novas perspectivas econômicas para aquela região.

Supõe-se, portanto, que há de existir um entendimento entre economia e direito ambiental, possibilitando que a atividade seja pensada de forma a assegurar um futuro para os futuros habitantes das regiões onde ocorre mineração. O futuro do planeta depende de um ambiente equilibrado. Isso se faz através de equilíbrio entre desenvolvimento e conservação.

Desde o Clube de Roma, em 1960, sabe-se e debate-se que a natureza pode ser recompor, mas ela não acompanha a rapidez com que o ser humano retira dela os seus minérios.

A partir de então foi se firmando a consciência de que o desenvolvimento econômico não pode acontecer com a degradação subsequente das condições sociais e ambientais das populações e da extinção dos ecossistemas.

A partir dos anos 70 foi se tornando consistente uma legislação ambiental que pensava em termos de parcimônia, eficiência e consistência. Esse progresso é exemplificado no pensamento aqui exposto de Ulrich Beck:

> A natureza não pode mais ser concebida sem a sociedade, a sociedadenão mais sem a natureza. [...] O imprevisto efeito colateral da socializaçãoda natureza é a socialização das destruições e ameaças incidentes sobre anatureza, sua transformação em contradições e conflitos econômicos, sociaise políticos: danos às condições naturais da vida convertem-se em ameaçasglobais para as pessoas, em termos medicinais, sociais e econômicos – comdesafios inteiramente no-

vos as instituições sociais para as instituiçõese políticas da altamente industrializada sociedade global. (BECK, 2010, p. 11).

O risco em determinadas atividades sempre existiu, como os descobridores correram riscos e muitos morreram na travessia para a América. No entanto, nunca existiu uma exposição coletiva de riscos como a Samarco expôs a população de Bento Rodrigues. Um acidente com césio 137 pôs em risco a cidade inteira de Goiânia, assim como Chernobyl contaminou uma região enorme da Ucrânia e da Europa. A humanidade inteira está, portanto, sofrendo riscos quando ocorrem violações do direito ambiental, pois as catástrofes são sentidas por todos, por várias gerações. (BECK, 2010).

O Estado de Direito passou a prever os riscos ambientais, passou a um estado que toma medidas preventivas. Ele gerencia, então, riscos imprevisíveis. Há um direito fundamental ao meio ambiente. Existem condições que conduzem a uma necessidade ambiental. (BECK, 2010).

O estado demanda, atualmente, uma necessidade ambiental, ou seja, ele precisa utilizar seus poderes para assumir o papel de polícia ambiental, evitando, por exemplo, que novas barragens de rejeitos de minério desabem. Isso é zelar pela ordem pública. As situações tais como o desastre em Mariana demandam atitudes decididas do poder público.

Em alguns casos, o estado pode e deve cassar licenças ambientais, no caso em que esteja ocorrendo o estado de exceção ambiental, caracterizado pelas situações de extremo desrespeito ao meio ambiente. Como explicam Newton Teixeira Carvalho e Mariza Rios:

> Também e na busca permanente do desenvolvimento sustentável, os próprios dirigentes das mineradoras, numa constante evolução ecológica, deverão agir

não apenas em respeito às leis específicas deste setor. Exige-se mais, que os mineradores se antecipem aos problemas que poderão surgir, com a exploração. Não pode haver omissão por parte deles. Assim, mesmo antes de instalar uma atividade minerária, necessário é que a escolha do local seja naquele que menor ou nenhum impacto causará à natureza, razão de esta escolha não poder ser exclusivamente econômica, mas, principalmente ecológica, considerando o impacto que causará no meio ambiente (CARVALHO; RIOS, 2014, p. 71).

Existe, pois, um direito mineral regulando a atividade desde antes do Brasil independente. Mas mais recentemente é que os princípios do direito ambiental têm sido violados com frequência, assim como as autoridades e todos os envolvidos têm sido omissos, causando prejuízos que não podem ter volta.

Mariana foi um exemplo do estado de exceção ambiental. Um ano depois, pode-se saber que esse drama não terminou. Os habitantes de Bento Rodrigues e outros vilarejos não retornaram, muitos ainda estão sendo submetidos a tratamentos psiquiátricos em Mariana. A ruptura da barragem do Fundão deixou rejeitos em toda a região e a estação chuvosa pode levar rejeitos para toda a região, contaminando outros rios. No entanto, o Ministério Público Federal contesta a versão da Samarco, que promete reconstruir Bento Rodrigues em outro lugar, entrando em acordo com os moradores, construindo uma barragem na região. Muitos moradores ainda visitam regularmente o vilarejo. A Barragem de Mirandinha, segundo o Ministério Público, já estava sendo planejada anteriormente. Em especial, o novo dique S4 irá permitir uma expansão na produção de minério. Para evitar isso, a Samarco pretende construir uma barragem de rejeitos que irá praticamente alagar a área de Bento Rodrigues, barragem essa que já estava sendo estudada anteriormente.

O drama de Mariana e de Bento Rodrigues em especial demonstra o domínio da razão instrumental, ou seja, um tipo de racionalidade que é aplicado para calcular a aplicação mais econômica dos meios para determinado fim. Ela se liga à busca imediatista do sucesso, assim como ao individualismo e a perda da liberdade individual. Um ano depois, quem morava nos distritos atingidos ainda convive com incertezas. A indenização, por exemplo, não chegou:

> Para garantir um amparo mínimo aos atingidos, o MPMG acionou judicialmente a mineradora Samarco, responsável pelo acidente, e conseguiu celebrar um acordo para o pagamento de um adiantamento. Quem perdeu casa recebeu R$20 mil e quem perdeu moradia de fim de semana R$10 mil. "Quando uma pessoa sofre um dano, o caminho natural para a reparação é entrar com ação judicial e aguardar o julgamento. A indenização é paga após o trânsito em julgado. Para que as pessoas não esperassem tanto, nós negociamos o adiantamento. Mas é um valor parcial. E no final, quando for decidido o valor total, esses adiantamentos serão descontados", explica o promotor Guilherme de Sá Meneguin. As famílias das 19 pessoas que morreram tiveram um adiantamento de R$100 mil. (RODRIGUES, 2016).

O estado de exceção ambiental, ou seja, o uso da lei de forma arbitrária pelos poderes permitindo que os interesses das empresas se confundam com os interesses escusos do poder executivo, é bem ilustrativo do que aconteceu em Mariana. A legislação deveria ter sido utilizada de forma preventiva. Uma vez ocorrido o desastre, há a apuração das responsabilidades, mas as empresas buscam recorrer na justiça.

A tragédia em Mariana levantou o problema de a que ponto pode o estado garantir o direito ao meio ambiente. Pode-

-se dizer que o meio ambiente se tornou uma preocupação estatal, mas deve-se constatar que o estado nem sempre é guiado por interesses ambientais. O direito ambiental é muito impactado pelos lobbies das indústrias poderosas e reflete a lógica jurídica referente às suas atividades de forma muito periférica, episódica. Como explica Émilien Vilas Boas Reis:

> A construção de grandes empreendimentos que causam amplo impacto na natureza é um exemplo de como o próprio direito ambiental está, muitas vezes, submetido a outros discursos. Normalmente, o raciocínio utilizado pelo governo é a necessidade de garantir o progresso econômico. (REIS, 2015, p. 12).

A justiça brasileira, por exemplo, foi muito criticada recentemente por várias ONGS. Ela utiliza, habitualmente, que o requerimento de uma pessoa jurídica de direito será suspenso. Isso provoca uma atitude que barra as decisões das instâncias inferiores contra grandes empreendimentos tais como Belo Monte, Teles Pires e a estrada de ferro dos Carajás. Com a justificativa de evitar grave lesão à ordem, à saúde, e à economia públicas, decisões judiciais emitidas regularmente pelo Poder Judiciário são suspensas por tempo indeterminado.

Em casos como Belo Monte, o que tal recurso de suspensão de segurança faz é aplicar o estado de exceção ambiental: as violações continuam e as decisões favoráveis às vítimas são obstruídas por esse recurso, recurso esse que está presente em nosso ordenamento jurídico, datando de 2009, mas que lembra bastante a legislação da ditadura militar, tal como a Lei nº 4.348/64, datada de junho de 1964. Ao suspender decisões favoráveis às vítimas, essa suspensão da segurança permite que grandes empreendimentos continuem lesando os cidadãos.

A justiça utilizou esse recurso também no caso do COMPERJ, dos quilombolas da restinga da Marambaia e da hidrelétrica da Barra Grande (SC). Trata-se sempre de suspender os direitos das vítimas e permitir o prosseguimento das violações cometidas por grandes empreendimentos. O direito ambiental mostra-se, então, manipulável. As leis ambientais são usadas arbitrariamente. Pode-se dizer que existem poucos textos de vocação protetora e muita margem de manobra para os interesses econômicos dominantes. O que predomina, então, é um direito que favorece a apropriação, a transformação e, com frequência, a destruição da natureza.

Circula ainda "o argumento de que o progresso não pode ser parado em prol do desenvolvimento de uma nação". (REIS, 2015, p. 15). O direito, quando é conivente com esse tipo de atitude, deixa de pensar na justiça social e passa a ser cúmplice de um estado de exceção ambiental. Com frequência, o direito apenas manipula o rótulo ambiental, mas na prática legitima o estado de exceção ambiental.

A exceção ocorre, portanto, muitas vezes nas questões referentes ao meio ambiente. Ao conceituar e refletir sobre o que significa estado de exceção. A crise ambiental contemporânea pode, então, ser ligada ao conceito de estado de exceção. Surge, então, o conceito de estado de exceção que pode bem ser aplicado ao recente desastre ambiental em Mariana. O desastre tem muitos ingredientes que mostram o poder público fiscalizou pouco ou bem menos que devia uma barragem de rejeitos tal como a Barragem de Fundão, com uma quantidade comparável à Lagoa Rodrigo de Freitas no Rio de Janeiro em termos de rejeitos de minério, ou seja, material tóxico. A simples não-existência de uma ruptura de uma barragem de tal extensão anteriormente fez com que os administradores da Vale e da Samarco se entregassem ao pensamento mágico, assim como o Poder Público parece ter sido leniente ou relaxado a respeito.

Outrossim, assim que o acidente aconteceu, a Samarco, empresa responsável pelo crime ambiental —e crime ambiental dos maiores já acontecidos mundialmente e de uma dimensão única em termos de ruptura de barragem de minério –passou a administrar o cenário da destruição causada por ela mesma. Ela controlava o acesso a Bento Rodrigues, uma vez que na região passaram a acontecer saques. Ao mesmo tempo, ela alojou os atingidos em hotéis em Mariana e controlou o acesso à imprensa. Seu poder, portanto, parece parte do chamado estado de exceção ambiental.

Todavia, ao invés do Poder Público, quem domina o cenário é a empresa culpada pelo acidente. A seguir, tem-se o desastroso contexto da contaminação do Rio Doce: o abastecimento de água em toda uma região do tamanho da Áustria ficou comprometido, fora as demais atividades econômicas, tais como a pesca e o turismo. Deve-se ressaltar que a Samarco/Vale é culpada pelo acidente, mas até o termo acidente, em se tratando da situação, é inapropriado: trata-se de uma tragédia anunciada, um crime ambiental para o qual alguns já haviam advertido. Uma vez ocorrido o desastre, o governador Pimentel, do Partido dos Trabalhadores, apareceu na televisão vestindo a roupa da Samarco para uma entrevista coletiva. Isso lhe valeu críticas: seria a própria imagem de uma autoridade que assume estar a serviço de uma empresa criminosa, evidentemente amenizando a situação.

Destarte, cabe a reflexão sobre o fato de que grande parte dos políticos mineiros recebem doações de empresas como a Samarco/Vale, ou seja, a economia mineira é em boa parte dependente da mineração. E a mineração impacta o meio ambiente como se pode observar, daí que é fundamental a vigilância atenta das autoridades, mas dificilmente pode-se dizer que isso ocorre. Esse estado de exceção pode ser observado no fato de que, um ano depois, ainda há problemas que permanecem em aberto em Bento Rodrigues: há quem não possa comprar água mineral, uma vez que é bastante pobre e está tendo que consumir a água do Rio Doce. A água, possivelmente, adoece as pessoas, embora esteja sendo utilizada para abastecer várias cidades que dela dependem, entre as quais Governador Valadares.

Há vários agravantes nessa questão: supõe-se que a água, depois de tratada, pode ser consumida, mas verificou-se que a água do Rio Doce contém metais pesados, ou seja, metais como mercúrio, que provocam contaminação, doenças e morte para animais e seres humanos. Fica também a dúvida: se o que era objeto da mineração era o minério de ferro, porque a presença do mercúrio? A alegação foi de que os rejeitos atingiram garimpos clandestinos ao longo do rio Gualaxo e os garimpos, que supostamente estariam garimpando ouro, pois o ouro é que é garimpado através do mercúrio, já teriam contaminado até mesmo regiões e rios situados rio acima, ou seja, em regiões que não foram afetados pelos rejeitos de minério, o que amenizou a responsabilidade da mineradora Samarco.

Não obstante, paira ainda a dúvida: estaria a mineradora realizando mais esse crime ambiental, ou seja, garimpando ouro secretamente, ao invés de estar simplesmente garimpando minério de ferro? Trata-se, então, de mais um crime ligado ao estado de exceção ambiental: quando se tratam dos interesses dos grandes grupos que apoiam e financiam os políticos, a legislação ambiental ou é impotente ou é manipulada.

O que os pesquisadores encontraram na água do Rio Doce foi praticamente toda a tabela periódica, em termos de produtos químicos.

Não obstante, há precedentes para esses tipos de comportamento: recentemente, um duto de minério estaria utilizando a água do estado de Minas Gerais, aos bilhões de litros, para poder realizar a lavagem do minério. Consta de decisão judicial que a empresa mineradora foi obrigada a devolver a água tratada.

Diga-se de passagem, Valadares vivenciou, nos dias posteriores ao desastre ambiental de Mariana, aquilo que é mais característico do estado de exceção em sua face clássica: ele aparece enquanto a transformação do Poder Público em um poder militar que dita as ordens mediante a ameaça de violência. E isso efetivamente aconteceu em Valadares: o abastecimento de água foi suspenso, ocasionando brigas entre as pessoas, pilhagens, tiroteios. Pessoas mais idosas ou com necessidades especiais ficaram em suas casas com as torneiras secas. As longas filas para obter água mineral fornecida pela Samarco e pelo Poder Público eram tensas e ameaçavam as autoridades, donde o exército brasileiro interferiu para fazer a distribuição de água sob a mira dos fuzis.

Deve-se, então, junto a um pensador como Émilien Vilas Boas Reis, refletir sobre a exceção que tem sido usada nas demandas que envolvem o meio ambiente. Em geral, grandes grupos pressionam o judiciário e permeiam com seus interesses o executivo. A legislação ambiental é manipulada, assim como o direito ambiental, para atender a interesses corporativos. Várias ONGS protestaram e denunciaram a violação de direitos, alegando que no Brasil, o direito ao acesso à justiça está sendo ameaçado por tais decisões judiciais, uma vez que constituem ação de suspensão de segurança.

Donde conclui-se que o que ocorreu em Mariana é parte do estado de exceção ambiental, não foi um mero acidente ambiental. Decorre de todo um contexto em que os grandes empreendimentos poluentes são vistos, dentro da razão instrumental, enquanto necessários ao desenvolvimento. Os argumentos de quem defende esse tipo de visão que articula ciência, técnica e economia entendem que a economia moderna não teria alcançado esse grau de eficiência sem os interesses econômicos. Esse desenvolvimento configura o desenvolvimento da modernidade em si mesma. A razão instrumental produziu a mercantilização universal. Ela é uma radicalização da transformação da quantidade em qualidade. A partir dessa mentalidade, o caminho para se avaliar a felicidade dos povos é seu Produto Interno Bruto, assim como seu grau de progresso. A técnica, no decorrer da evolução dessa razão instrumental na humanidade, assumiu um lugar central na modernidade, deixando de lado o lugar anteriormente periférico da *techné*.

A questão ambiental, que desde o início dos anos 70 até hoje em dia, passou a ser não uma questão teórica, mas sim uma questão prática: ela era objeto de investigação científica em conferências como a de Estocolmo, em 1972, ridicularizada à época como "Woodstckolmo", uma vez que os ecologistas da época tinham forte ligação com o visual e ideologia românico do movimento *hippie*. E, de objeto de investigação teórica, passou a ser objeto de mobilização política. Surgiram partidos verdes no mundo todo, assim como toda uma nova geração bem mais combativa de movimentos: *Greenpeace,* Amigos da Terra, assim como tornou-se objeto de consideração administrativa.

O direito ambiental surgiu como produto da modernidade, mas ao mesmo tempo ainda é muito suscetível de manipulação. O termo "sustentável" foi um rótulo que surgiu fortemente associado ao direito e à legislação, mas muitas vezes ainda constitui mero rótulo. Nas três últimas décadas do mundo, praticamente todos os países do mundo adotaram legislações ambientais e as autoridades se apressaram a demonstrar preocupações ambientais, em muitos casos, transformadas em bandeiras eleitorais. Pelo menos na retórica, existe a preocupação em subordinar nossos desejos às necessidades de outras espécies e dos sistemas biológicos do planeta.

Outrossim, quando se manipula a legislação ambiental, o argumento do bem da sociedade é o argumento mais comum. A Lei nº 12.016/09, a chamada Lei de Segurança, menciona o seguinte:

> Art. 15. Quando, a requerimento de pessoa jurídica de direito público interessada ou do Ministério Pú-

blico e para evitar grave lesão à ordem, à saúde, à segurança e à economia públicas, o presidente do tribunal ao qual couber o conhecimento do respectivo recurso suspender, em decisão fundamentada, a execução da liminar e da sentença, dessa decisão caberá agravo, sem efeito suspensivo, no prazo de 5 (cinco) dias, que será levado a julgamento na sessão seguinte à sua interposição (BRASIL, 2009).

Sendo assim, essa legislação acima faz bastante lembrar a legislação da ditadura de 64, o que mostra o quanto ainda convivemos com o chamado "entulho autoritário". Muitas de nossas leis dão margem a autoritarismos. No caso, a Lei nº 4.348 de junho de 64 tem um texto semelhante, suspendendo "requerimento de pessoa jurídica de direito público interessado e para evitar grave lesão à ordem, à saúde, à segurança e à economia públicas." (BRASIL, 2009). Essa expressão costuma ser interpretada de forma a permitir o arbítrio por parte do judiciário. Ele suspende, então, decisões de instâncias inferiores em prol das vítimas de grandes empreendimentos. Os quilombolas da restinga da Marambaia, embora estivessem na região há séculos e que exista legislação apoiando quilombolas e suas terras em vigência no Brasil, estavam sendo expulsos pela marinha brasileira devido à proximidade com a base dessa corporação. E, tanto nesse caso quanto em outros como a proximidade causada pelo complexo petroquímico da COMPERJ, a tendência é do judiciário agir em defesa dos interesses do executivo. Os juízes naturais estabelecidos pela Constituição têm, então, suas sentenças suspensas.

5. Considerações finais

Conclui-se que o instituto jurídico da responsabilidade civil ambiental colabora para a preservação do meio ambiente e que devido às transformações advindas do desenvolvimento tecnológico assume novos desafios e funções.

Essas se consubstanciam em um dever que ultrapassa meramente suas tradicionais tarefas de repressão e punição do causador do dano, assume um papel mais ativo e solidário, que se volta para a profilaxia com vistas à preservação da vida presente e futura.

A filosofia vem preencher o vazio ético não ocupado pelo desenvolvimento da técnica, em que pese sua tamanha presença no cotidiano da cidade e das pessoas. O pensar da filosofia de Jonas exorta para uma conduta responsável, preocupada com as consequências e efeitos das ações. Este agir não é individual, mas solidário e coletivo, do particular e do Estado bem como direito e dever da sociedade civil.

A responsabilidade só pode ser exercida através de um juízo de liberdade e de escolhas, que capacita o homem a questionar-se e a questionar a sociedade do seu tempo, com vistas a se consolidar novas concepções e comportamentos diante da vida, de si, e do outro.

O instituto da responsabilidade civil é forma concreta de aplicação deste princípio, uma vez que por meio da aplicação de sanções exorta para um comportamento diferenciado e preventivo das formas de degradação ambiental. Como se viu, a fundamentação filosófica corrobora a aplicação do instituto, sobretudo, quando se vislumbra o questionamento acerca da teoria do risco criado ou do risco integral.

Os novos imperativos preconizados por Jonas contemplam o agir presente e futuro além de incluir toda a biosfera no que se refere à preservação. A sua máxima na forma negativa expressa pelo "aja de modo a que os efeitos da tua ação não sejam destrutivos para a possibilidade futura de uma tal vida" vem exigir uma conduta diferenciada e comprometida com a vida e todas as suas formas de expressão.

Um dos pontos nevrálgicos da responsabilidade civil ambiental é a aplicação da teoria da responsabilidade objetiva, quais sejam a do risco criado ou risco integral. Verificou-se a necessidade da flexibilização da aplicação da teoria do risco integral, hoje majoritariamente utilizada pelos julgadores brasileiros.

A doutrina inaugura uma nova teoria, conhecida como teoria do risco agravado ou da responsabilidade agravada, que preconiza a aplicação da responsabilidade agravada e mais severa somente nos casos em que a natureza e extensão da atividade desenvolvida pelo agente causador do dano solicita tal postura do judiciário, há flexibilização do nexo de causalidade e possibilidade de aplicação das excludentes de responsabilidade.

O papel do Estado na construção do instituto jurídico da responsabilidade civil ambiental e de um meio ambiente sadio e equilibrado é enaltecido em sua imprescindibilidade uma vez que seu trabalho consiste na autorização e fiscalização das atividades potencialmente degradadoras. Dessa forma, não se pode admitir a ocorrência das omissões estatais de sua atividade de polícia nem mesmo a conivência com as grandes corporações empresariais somente porque elas representam substancialmente os números da arrecadação fiscal.

Decorrente deste mesmo papel assumido pelo Estado, está a ocorrência de um Estado de Exceção que se firma de forma permanente. A tragédia de Mariana no Estado de Minas Gerais é mais um fato notório e lamentável que demarca a ocorrência da ilegalidade, demora na prestação de assistência pelos causadores dos danos a solidificar um contexto em que os direitos fundamentais da pessoa humana não são cumpridos no plano fático.

O ocorrido na cidade mineira de Governador Valadares corresponde a uma situação de calamidade em que o exército fora chamado a assumir funções que não lhe competiam. A falta do cumprimento da lei se deu de forma generalizada.

Outra vertente desta tragédia foi a dizimação da vida, perda de vidas humanas e perdas irreparáveis do ecossistema da região. Sem se descurar dos prejuízos da forma de vida das pessoas, da economia e do patrimônio cultural. Tudo por omissão e não cumprimento da legislação ambiental. Sabe-se que a atividade minerária é altamente degradadora e, por isso, o seu acompanhamento pelos entes estatais deveria ser mais rigoroso.

Um ano após o desastre, os descumprimentos de decisões judiciais ainda se percebem na mesma proporção que a lama avança pelas águas do rio Doce. Infelizmente, mais um fato que corrobora para a caracterização do Estado de Exceção Ambiental permanente. Há também que se falar no flagrante descumprimento dos postulados dos princípios que regem o Direito Ambiental como os que se referem à prevenção, precaução, equidade intergeracional, responsabilização e reparação integral, solidariedade.

Referências

ABBAGNANO, Nicola. **Dicionário de filosofia**. 4. ed. São Paulo: Martins Fontes, 2000.

AGAMBEN, Giorgio. **Estado de exceção**. Trad. Iraci D. Poleti. São Paulo. Boitempo, 2004.

ÁNÁLISE aponta presença de arsênio, chumbo, cobre e mercúrio em lama da barragem. **Folha Vitória**, 12 nov. 2015. Disponível em: <http://www.folhavitoria.com.br/geral/noticia/2015/11 /analise-aponta-presenca-de-arsenio-chumbo-cobre-e-mercurio-em-lama-da-barragem.html>. Acesso em: 24 out. 2016.

ANDRADE, Carlos Drummond de. **Itabira**. Disponível em: <http://noticias.universia.com.br/destaque/especial/2011/10/31/883898/7/20-poemas-carlos-drummond-andrade/poemas-carlos-drummond-andrade-itabira.html>. Acesso em: 24 out. 2016.

ANDRADE, Walter. **Direito e estado de exceção em Walter Benjamin**: origens da teoria crítica. Disponível em: <http://www.publicadireito.com.br/artigos/?cod=86d73f9a9eafbf2a>. Acesso em: 25 out. 2016.

AZEVEDO, Joachin. **O legado de Angelus Novus**. Artes e Ideias, set. 2009. Disponível em: <http://lounge.obviousmag.org/ruinas/2012/09/angelus-novus.html>. Acesso em: 24 out. 2016.

BARREIRA, Érika Campos; BORGES, Monike Valent Silva. Princípio da prevenção e a ética da responsabilidade de Hans Jonas na mineração brasileira. In: REIS, Émilien Vilas Boas (Org.). **Entre a Filosofia e o ambiente**: bases filosóficas para o direito ambiental. Belo Horizonte: 3i Editora, 2014. p. 93-115.

BECK, Ulrich. **Sociedade de risco**: rumo a uma outra modernidade. 2. ed. São Paulo: Ed. 34, 2011.

BECK, Ulrich. **Sociedade de risco**: rumo a uma outra modernidade. São Paulo: Ed. 34, 2010.

BENJAMIN, Walter. **Sobre conceito de história**. São Paulo: Brasiliense, 1985.

BINGEMER, Maria Clara Lucchetti. Prefácio. In: JONAS, Hans. **O princípio responsabilidade:** ensaio de uma ética para a civilização tecnológica. Tradução de Luiz Barros Montez. Rio de Janeiro: Contraponto, 2006.

BIZAWU, Kiwonghi; OLIVEIRA, Camila Martins. A solução dos conflitos ambientais diante da consolidação dos vetores do estado socioambiental: cultura e animais. In: CAMPELLO, Lívia Gaigher Bósio; SOUZA, Maria Cláudia da Silva Antunes de; PADILHA, Norma Sueli (Coord.). **Direito ambiental no século XXI:** efetividade e desafios. Segundo volume. Curitiba-Clássica, 2013.

BRASIL. Código Civil (2002). Lei nº 10.406, de 10 de janeiro de 2002. Institui o Código Civil. **Diário Oficial da União**, Brasília, 11 jan.2002. Disponível em: <http://www.planalto.gov.br/ccivil_03/leis/2002/l10406.htm>. Acesso em: 13 abr. 2016.

BRASIL. Código de Defesa do Consumidor (1990). Lei nº 8.078, de 11 de setembro de 1990. Dispõe sobre a proteção do consumidor e dá outras providências. **Diário Oficial da União**, Brasília, 12 set. 1990. Disponível em: <https://www.planalto.gov.br/ccivil_03/Leis/L8078.htm>. Acesso em: 15 out. 2016.

BRASIL. Constituição (1988). **Constituição da República Federativa do Brasil.** Brasília. Senado Federal, 1988. Disponível em: <http://www.planalto.gov.br/ccivil_03/constituicao/constituicao.htm>. Acesso em: 13 abr. 2016.

BRASIL. Lei nº 12.016, de 7 de agosto de 2009. Disciplina o mandado de segurança individual e coletivo e dá outras providências. **Diário Oficial da União**, Brasília, 10 ago. 2009. Disponível em: <http://www.planalto.gov.br/ccivil_03/_ato2007-2010/2009/lei/l12016.htm>. Acesso em: 10 set. 2016.

BRASIL. Lei nº 12.305, de 2 de agosto de 2010. Institui a Política Nacional de Resíduos Sólidos; altera a Lei nº 9.605, de 12 de fevereiro de 1998; e dá outras providências. **Diário Oficial da União**, Brasília, 3 ago. 2010. Disponível em: <http://www.planalto.gov.br/ccivil_03/_ato2007-2010/2010/lei/l12305.htm>. Acesso em: 10 set. 2016.

BRASIL. Lei nº 6.938, de 31 de agosto de 1981. Dispõe sobre a Política Nacional do Meio Ambiente, seus fins e mecanismos de formulação e aplicação, e dá outras providências. **Diário Oficial da União**, Brasília, 2 set. 1981. Disponível em: <http://www.planalto.gov.br/ccivil_03/leis/l6938.htm>. Acesso em: 10 abr. 2016.

BRASIL. Lei nº 7.347, de 24 de julho de 1985. Disciplina a ação civil pública de responsabilidade por danos causados ao meio-ambiente, ao consumidor, a bens e direitos de valor artístico, estético, histórico, turístico e paisagístico e dá outras providências. **Diário Oficial da União**, Brasília, 25 jul. 1985. Disponível em: <https://www.planalto.gov.br/ccivil_03/LEIS/L7347orig.htm>. Acesso em: 10 set. 2016.

BRASIL. Ministério Público Federal. **Força tarefa Rio Doce**. Belo Horizonte, 28 abr. 2016. Disponível em: <http://redeufes-riodoce.ufes.br/sites/redeufesriodoce.ufes.br/files/field/anexo/ACP%20FT%20RIO%20DOCE%20MPF.pdf>. Acesso em: 10 set. 2016.

BRASIL. Superior Tribunal de Justiça. Recurso Especial nº 1.374.284/MG. Relator Ministro Luís Felipe Salomão, julgado em 27/08/2014. **Diário de Justiça Eletrônico**, Brasília, 05 set. 2014.

BRASIL. Superior Tribunal de Justiça. Recurso Especial nº 948.921/SP. Relator Ministro Herman Benjamin, julgado em 23/10/2007. **Diário de Justiça Eletrônico**, Brasília, 11 nov. 2009.

BRASIL. Superior Tribunal de Justiça. Resp. 1.237.893 SP. Relatora Ministra Eliana Calmon. Data de Julgamento: 24/09/2013. **Diário de Justiça Eletrônico**, Brasília, 01 out. 2013.

BRASIL. Superior Tribunal de Justiça. REsp: 650.728 SC. Relator Ministro Herman Benjamin. Data de Julgamento: 23/10/2007. **Diário de Justiça Eletrônico**, Brasília, 02 dez. 2009.

BRASIL. Superior Tribunal de Justiça. STJ. AgRg no RESp 206.748 SP Relator Ministro Ricardo Villas Boas Cueva. Data de Julgamento: 21/02/2013. **Diário de Justiça Eletrônico**, Brasília, 27 fev. 2013.

CANOTILHO, José Joaquim Gomes; LEITE; José Rubens Morato (Org.). **Direito constitucional ambiental brasileiro**. 5. ed. São Paulo: Saraiva, 2012.

CARVALHO, Carlos Gomes. **Legislação ambiental brasileira:** contribuição para um código do ambiente. 2. ed. Campinas: Milennium, 2002.

CARVALHO, Délton Winter de. Dano ambiental futuro: a responsabilização civil pelo risco ambiental. **Revista de Direito Ambiental,** Ano 12, n. 45, p. 62-91, jan./mar. 2007.

CARVALHO, Newton Teixeira; RIOS, Mariza. Copa do mundo, olimpíadas, e estado de exceção: uma constante e permanente negativa de direitos fundamentais, inclusive com a suspensão de nosso ordenamento jurídico em prol da soberania FIFA. In: CARVALHO, Newton Teixeira; RIOS, Mariza. **Cidade, eventos esportivos e estado de exceção.** Belo Horizonte: Del Rey, 2014.

CARVALHO, Newton Teixeira; RIOS, Mariza; REIS, Émilien Vilas Boas Reis (Coord.). **Estado de exceção ambiental.** Belo Horizonte: Del Rey, 2015.

COMPARATO, Fábio Konder. **Ética:** direito, moral e religião no mundo moderno. São Paulo: Companhia das Letras, 2006.

COSTA, Beatriz Souza; REIS, Émilien Vilas Boas; OLIVEIRA, Márcio Luís de. **Fundamentos filosóficos e constitucionais do direito ambiental.** Rio de Janeiro: LumenJuris, 2016.

DIEGUEZ, Consuelo. A onda: uma reconstituição da tragédia de Mariana, o maior desastre ambiental do país. **Revista Piauí,** n. 118, jul. 2016. Disponível em: <http://piaui.folha.uol.com.br/materia/a-onda-de-mariana/>. Acesso em: 24 out. 2016.

ÉSQUILO. **Prometeu acorrentado.** Tradução do grego, introdução e notas de Mário da Gama Kury. Rio de Janeiro: Jorge Zahar, 1998.

FARIAS, Cristiano Chaves de; BRAGA NETTO, Felipe Peixoto; ROSENVALD, Nelson. **Novo tratado de responsabilidade civil.** São Paulo: Atlas, 2015.

FIÚZA, César. **Direito civil:** curso completo. 14. ed. Belo Horizonte: Del Rey, 2010.

GUIMARÃES, Deocleciano Torrieri. **Dicionário técnico jurídico.** 14. ed. São Paulo: Rideel, 2011.

JONAS, Hans. **O princípio responsabilidade:** ensaio de uma ética para a civilização tecnológica. Tradução de Luiz Barros Montez. Rio de Janeiro: Contraponto, 2006.

LEAL, André Cordeiro; THIBAU, Vinícius Lott. O devido processo legal e a excepcionalidade normativo-ambiental. In: CARVALHO, Newton Teixeira; REIS, Émilien Vilas Boas Reis; RIOS, Mariza. **Estado de exceção ambiental**. Belo Horizonte: Del Rey. 2016.

LEITE, José Rubens Morato; AYALA; Patryck de Araújo. **Dano ambiental:** do individual ao coletivo extrapatrimonial: teoria e prática. 5. ed. São Paulo: Revista dos Tribunais, 2012.

LEITE, José Rubens Morato; BELCHIOR, Germana parente Neiva. Dano ambiental na sociedade de risco: uma visão introdutória. In: LEITE, José Rubens Morato (Coord.). **Dano ambiental na sociedade de risco.** São Paulo: Saraiva, 2012.

LESTE, Rodrigo. Uma tragédia em versos. **Minas Gerais**, Belo Horizonte, n. 1364, jan./fev. 2016. Suplemento Literário, p. 3. Disponível em: <http://www.cultura.mg.gov.br/images/2016/SUBSL/2016-janeiro-fevereiro-1364.pdf>. Acesso em: 24 out. 2016.

MACHADO, Paulo Affonso Leme. **Direito ambiental brasileiro.** 13. ed. São Paulo: Malheiros, 2005.

MACHADO, Paulo Affonso Leme. **Direito ambiental brasileiro.** 18. ed. São Paulo: Malheiros, 2010. v. 1.

MILARÉ, Édis. **Direito do ambiente**: a gestão ambiental em foco: doutrina, jurisprudência, glossário. 7. ed. São Paulo: Revista dos Tribunais, 2011.

MILARÉ, Édis. **Direito do ambiente:** doutrina, jurisprudência, glossário. 5. ed. São Paulo: Revista dos Tribunais, 2007.

MINISTÉRIO Público contesta eficiência de nova obra proposta pela Samarco. Profissão Repórter, 26 out. 2016. Disponível em: <http://g1.globo.com/profissao-reporter/noticia/2016/10/ministerio-publico-contesta-eficiencia-de-nova-obra-proposta-pela-samarco.html>. Acesso em: 28 out. 2016.

MIR, Luiz. **Guerra civil**. São Paulo: Geração, 2004.

MORA, Jose Ferrater. **Dicionário de filosofia**. Buenos Aires: Editorial Sudamericana, 1971.

PEREIRA, Denise. **Mineração.** Novos Tempos, 31 maio 2016. PUC Minas TV. Disponível em: <https://www.youtube.com/watch?v=ClGrEYVyugo>. Acesso em: 20 out. 2016.

REIS, Emilien Vilas Boas. Considerações acerca do Estado de Exceção Ambiental. In: CARVALHO, Newton Teixeira; REIS, Émilien Vilas Boas Reis; RIOS, Mariza. **Estado de exceção ambiental.** Belo Horizonte: Del Rey. 2015.

REIS, Emilien Vilas Boas; THIBAU, Vinícius Lott. Estado de exceção, Copa do Mundo de Futebol e desprocessualização da cidade. In: CARVALHO, Newton Teixeira; REIS, Émilien Vilas Boas Reis. **Cidade, eventos esportivos e Estado de exceção.** Belo Horizonte: Del Rey, 2014.

RIOS, Mariza; CARVALHO, Newton Teixeira (Org.). **O dom da produção acadêmica.** Belo Horizonte: Escola Superior Dom Helder Câmara, 2012. Disponível em: <http://www.domhelder.edu.br/site/docs/faq/dom_producao_academica.pdf>. Acesso em: 20 out. 2016.

RIOS, Mariza; CARVALHO, Newton Teixeira. Mineração sustentável, uma exigência constitucional necessária à preservação do meio ambiente. In: CARVALHO, Newton Teixeira; REIS, Émilien Vilas Boas Reis; RIOS, Mariza. **Estado de exceção ambiental.** Belo Horizonte: Del Rey. 2015a.

RIOS, Mariza; CARVALHO, Newton Teixeira. O soberano na construção e manutenção do estado de exceção. In: CARVALHO, Newton Teixeira; REIS, Émilien Vilas Boas Reis; RIOS, Mariza. **Estado de exceção ambiental.** Belo Horizonte: Del Rey. 2015b.

RODRIGUES, Léo. **Atingidos em Mariana ainda não sabem quando serão indenizados pela Samarco.** Agência Brasil, 04 nov. 2016. Disponível em: <http://agenciabrasil.ebc.com.br/geral/noticia/2016-11/mariana-um-ano-depois-da-tragedia-atingidos-nao-sabem-quando-serao-indenizados>. Acesso em: 15 nov. 2016.

SAMPAIO, Francisco José Marques. **Evolução da responsabilidade civil e reparação de danos ambientais.** Rio de Janeiro: Renovar, 2003.

SANTOS, Mário Augusto dos. **Empresas, meio ambiente e responsabilidade social**: um olhar sobre o Rio de Janeiro. Rio de Janeiro: UFRJ, 2003.

SELIGMANN-SILVA, Márcio. Walter Benjamin: o Estado de exceção: entre o político e o estético. **Outra Travessia**, n. 5, p. 25-38, 2005. Disponível em: <https://periodicos.ufsc.br/index.php/Outra/article/view/12579/11746>. Acesso em: 26 out. 2016.

SILVA, José Afonso da. **Direito ambiental constitucional**. 9. ed. São Paulo: Malheiros, 2011.

SÓFOCLES: vida & obra. Livraria Cultura. Disponível em: <http://www.lpm.com.br/site/default.asp?TroncoID=805134&SecaoID=948848&SubsecaoID=0&Template=../livros/layout_autor.asp&AutorID=829291>. Acesso em: 18 ago. 2016.

STEIGLEDER, Annelise Monteiro. **Responsabilidade civil ambiental:** as dimensões do dano ambiental no direito brasileiro. 2. ed. Porto Alegre: Livraria do Advogado, 2011.

VAZ, Henrique Cláudio de Lima. **Antropologia filosófica II**. São Paulo: Loyola, 1992.

VISÃO sobre o conflito. Dossiê Marambaia. Disponível em: <http://www.koinonia.org.br/oq/dossies/marambaia/no t_visoes1.htm>. Acesso em 23 out. 2016.

WOLFENSON, Helena; LATA, Aline. **Teaser rastro de lama**. Youtube, 17 fev. 2016. Disponível em: <https://www.youtube.com/watch?v=FvZsoYMH-5M>. Acesso em 20 out. 2016.

ZAVERUCHA, Jorge. Relações civil-militares: o legado autoritário da Constituição brasileira de 1988. In: TELLES, Edson; SAFATLE, Vladimir (Org.). **O que resta da ditadura**. São Paulo: Boitempo, 2010.